學會淡定、勇敢失去、放空雜念、善於歸零……只要發現自我，就能開啟無限可能！

心智的力量

掌控生命之鑰

POWER
OF
MIND

鄧國弘，張美英 —— 著

如何開啟心門，與世界建立深刻連結？
釋放潛能、超越自我限制、活在當下
探索心智力量——就是自我覺醒的第一步！

目錄

Chapter6
敢挑戰自我極限：勇敢・放空・超越

Chapter7
面對自己的選擇：從容・真實・不悔

前言　開啟心門，世界就是你的

　　走進這個世界，猶如駛入浩瀚的海洋，而每個人，便是大海上航行的小船。雖然人人都會眷戀那個風平浪靜的溫馨港灣，但大海並不因此而改變 —— 人生永遠不會有完全的必然性。身處這個紛擾的世界，生活節奏的加快、工作壓力的加重、人際關係的發展變化……都會讓許多人感到暈頭轉向、心神不寧，而他們原本保有的那份純真、淡然和性靈，恐怕也會在這個過程中逐漸消磨殆盡。

　　你是不是會因某些事情而感到煩惱、焦躁或壓抑、恐懼？

　　你是不是常常擔心自己的身心健康會因為外界的種種變化而每況愈下？其實，你對外界和他人關注得太多，而往往忽略了自己。愈是身處現代化的社會，你愈需要關注內心世界，如果忘記這一點，很容易割裂與內在自我的關係，迷失在浩蕩的社會洪流中。

　　那些真正能掌控自我內心的人，他們不論到世界哪個環境中，都會獲得溫馨和燦爛的微笑，而那些忘記自我的人，很容易受到來自周圍的冷漠和阻礙。那是因為，一個能積極運用自我心態調整來應對世界的人，心中自然會充滿陽光，就算周圍環境不盡如人意，他也會看到希望，最終獲得別人的認可。

　　「自我心態」決定你的生活，也將決定你未來的人生。你需要做的，就是立刻停止疑慮、停止抱怨，掌控自己的情緒，然後適度地調適自己、改變態度。

　　多年來，身為「自我教練專業領域」的老師，我在一次次的課堂中，不斷深入觀察學員，在情感交流中，了解他們的內心；在溝通互動中，閱讀他們的故事。藉此，我掌握了大量現代社會中，一般人應如何處理其內心的第一手資訊，以便形成富於特色的教學系統和經驗、心得。而本書正是在這樣的基礎上，逐漸發軔、累積，並最終破繭而出。

　　本書開頭，提出「我是一切的根源」。雖然這個事實毫無疑義，但卻鮮少有人真正在意，更不用說深入明瞭其中所蘊含的心理學和哲學意義。透過閱讀，讀者將會了解，客觀環境和自我，有著不可分割的關聯，一個不在意自我力量的人，不可能適應外界環境；而盲目抱怨世界的人，也正在虛妄地抱怨自己。

　　在本書，我將引導讀者學會積極、真誠地溝通，並打破隔閡，敞開心門，伸出觸角與世界交流；強調利用自我的發現、內心和自信，去探索生命中的無限潛能；教導讀者如何正向地正視自己、認清現實、接納自我和外界；盡力提升自我、創造成功機會，讓生活的每一天都獲得嶄新面貌。不斷地挑戰自我、勇敢面對壓力，超越那些艱難阻礙；忠誠面對自己的選擇，做到無怨無悔地對待生命；對幸福和遺憾，都以感恩、坦然的心態去接受；掌控自己的情緒，獲得他人的信任；懂得給予快樂及捨得付出……。在擁有了上述的能力後，相信讀者最

終將真正擁有屬於自己的人生立場，能夠保持自我的獨立，擁有堅定和美好的人生信念與價值觀，並從中經歷生命的圓滿、內心的和諧。

在培訓之餘，我也粗略涉及了一些中西方文化、心理學、禪修等專業知識，因此在本書的寫作中，不免加入相關理論。同時，我多年教學實踐所獲得的實務經驗，加上專業理論的融會貫通，可以讓我以淺顯易懂的文字，把這些專業、艱深的知識和理論，言簡意賅地向讀者逐步說明。至於案例的選擇，我挑選歷史上著名的成功人士，同時又挑選教學實踐中的普通人，讓兩者的故事充分結合，相互印證。相信這更能帶給讀者一種親切感，讀者們會明白，不管身分為何，其實都需要保持對自我的敬畏、對自我的引導，以及對自我的探索和釋放。

開啟本書時，或許你對自我的認知是那麼淺薄、有限且茫然，你的內心世界缺少陽光，你會因為種種悲苦、挫折而忘記審視自我。

但在閱讀本書之後，相信你會驚喜地發現，其實內心世界並不需要太多外界的陽光，因為，每個人都是光源，只要人人都能釋放光芒，就能溫暖自己、進而溫暖整個世界。所以，儘管每個「我」或許渺小、或許普通，但永遠也不要忘記屬於自己內心的能量，永遠也不要忘記心門需要自己開啟、成長需要自己悉心體會。

現在就讓我們和本書一起出發，共同探索並尋找，期待那個能讓一切都變得更加美麗且強大的自我！

Chapter1
我是一切的根源：覺知·覺察·放下

　　世界萬事萬物都來自於「我」對世界的反映。只有「我」，才是人生的主宰；只有「我」，才是一切的根源。抓住屬於「我」的覺知和覺察，又懂得放下屬於「我」的妄念和空想。這樣，你才能更加理性和冷靜地面對真實的自我。

◇沒有我，地球真的會停止轉動嗎？

「記得你每天提到最多的那個字嗎？」

「啊？什麼？我每天提到什麼？」

「沒錯，就是這個字 —— 我。」

幾乎每次為新學員上課時，我都會以這樣的對話作為開場白。經過我的提醒，新學員才發現，原來他們幾乎無時無刻不是在想著「我」這個概念。

難道不是嗎？

從兒童擁有完全的自我意識開始，每個人就不斷用這個概念提醒自己 ——

「我」是世界的主體、「我」是生活的重心、「我」是地球轉動的意義、「我」是固有的角色……

這並非因我們自私，而是當我們觀察和體驗周圍的一切時，必然會帶著主觀視角，唯有這樣，我們才能收穫感官帶來的資訊，明晰思維產生的結果。如果沒有「我」的概念，又該怎麼進行工作和生活？怎麼區分自己和他人？

就這樣，許多人一生都圍繞著「我」而孜孜不倦：

是「我」，需要一支新的 iPhone 手機，為此我會想盡辦法、持續地努力；

是「我」，必須在公司競爭中占得上風，為此我得付出更

多時間、心力；

是「我」，需要健康的身體、豐厚的收入和完美的家庭，因此，我就會成為他人眼中值得欽羨的存在……

但同時，許多痛苦、煩惱、嗔怒和怨恨，也圍繞著「我」而產生：

我真沒用，為什麼不能像同事那樣，靠海外代購買一支 iPhone ？

我真討厭我的上司，他總是搶走我的功勞，奪走我升遷的機會；

我的現狀太令人失望了，或許就是現在，人們正在嘲笑我……

更大的問題是，許多人都有類似的感受，但卻不去想辦法做出改變。他們只願意停留在「我」的概念所營造出的困境中，猶如《全面啟動》（Inception）所隱喻的那夢中之夢。

如果一個人過於依賴「我」的概念，那麼在他生命中，就會逐漸形成一個無形的枷鎖 —— 我執。

當「我執」形成之後，你將從此背負沉重的十字架。在這十字架的重壓下，生活也好、事業也罷，都無法為你帶來更多的歡愉。

當你打算用「我執」來構建自信，會發現這樣的自信並不強大，反而導致事情無法順利進行、無法成功。當你打算用「我執」來鑄造尊嚴，卻發現，想要求得的東西，並不會如期

而至。那些意念中充滿了「我執」的人，他們的生活充斥著痛苦而變得更加艱辛，常常會為了小事情就生氣，為了小挫折就放棄；他們難以與社會共存，而經常表現出躁動的叛逆。

「我執」的十字架是許多人主動的選擇，可是沒有了「我」，地球真的會停止轉動嗎？當一個人忘記「我」的概念，他真的就無法順利生活下去嗎？

換而言之，「我執」到底是否能夠捨棄？

在經典智慧書《菜根譚》中，有一段富含禪意的話：「簾櫳高暢，看青山綠水吞吐煙雲，識乾坤之自在；竹樹扶疏，任乳燕鳴鳩送迎時序，知物我之兩忘。」

在滿足了和諧精神的傳統農業文明之影響下，知識分子們就是如此浸潤於自然美景中，忘記世俗帶來的「自我」概念，達到物我兩忘的美妙狀態。因此，他們步入人生的大智慧、大境界中。如果古代人能達到「無我」之界，那麼現代人更加可以。何況，忘記自我，真的會讓你的世界更完美。

「無我」並沒有想像中那麼困難。

不妨嘗試伸出你的雙手吧！擺出一個「人」字。

現在，請一位朋友，看看你擺的是什麼字？

當你笑嘻嘻地看著他時，聽到的答案可能是自己沒有想到的 ......

「這是『入』字。」朋友平靜地說。

此時，你很快就會明白，大家都沒有錯。你不會充滿「我

執」地認為朋友說錯了，而堅持自己是對的。

　　看！「我執」的捨棄並不困難，如果你能學著不把自我感受當成唯一的標準，你就順利踏上捨棄「我執」的第一步了。接著，你很快就會發現，在這個世界上，愈是刻意記住自我的人，離人生的正確答案也就愈遠；愈是想要證明世界和自我關係的人，愈容易被世界拋棄。

　　更何況，捨棄「我執」，你的世界並不會因此停止轉動。就像你並不會因為刪掉手機中一張自己的照片，就擔心自己會從此消失一樣。同樣，無論你是不是掛念「我執」，你本身都是存在的。當你「記得」自我時，你存在；而當你「忘記」自我時，你「依然」存在，且這種存在會更加牢固。

　　從閱讀本書的最初開始，你應該獲得這樣的啟發：「在生活節奏愈來愈緊湊的環境下，人們愈是注重自我感受、愈是強調自我角色，或許就愈會迷失真正的自我。反之，平和地看待自己和世界的關係，向自然學習，達到物我兩忘的境界，或許你就會發現，不管看到什麼，都會覺得那是美麗的、合理的，而不管遇到什麼事，都能淡定自若地加以面對。」

　　最終，從拋棄「我執」開始，我們將邁向「自我完善、自我和諧與自我昇華」的美好道路。

◇我原來這麼偉大，我原來這麼渺小

一個對人生充滿期待和渴望的人，他們知道如何正確地覺知自我。

在接觸過許多獲得幸福真諦的人們之後，我發現，他們最大的共同點，就是知道如何激發自我內在的偉大能量，同時又能保持對自我的清晰認知。一個人如果無法做到以上兩點，那麼他這一輩子可能無法真正關注自己的內心，除了外在的獲得或失去之外，他們始終難以對自身做出什麼具體的改變。

相反，擦拭心中塵封已久的灰塵，才能更加徹底地了解自我，發現那個看起來矛盾，卻又充滿新意的自我。唯有這樣，你才能有所突破和改變，迎接不同的全新人生。

當你面臨任何痛苦時，請堅定地告訴自己，你是數以億計精子中脫穎而出的那一個生命，能來到這個世界，是你在自然競爭中贏得偉大戰役、勝利的結果。你沒有理由認為自己軟弱、責罵自己無能，因為那不是事實，只是你個人錯誤的體驗罷了。

古希臘哲學家蘇格拉底在晚年時，突然想考驗一下自己最得意的學生。

他將學生叫到書房中，說道：「我的蠟燭所剩無幾，想要找另一根接著點燃，你明白嗎？」

學生立刻說：「我明白。您是想要有人可以忠信且完善地

繼承思想。」

「可是，」

蘇格拉底慢慢說道：「我需要夠優秀的人才來繼承。他需要有充分的智慧、信心和非凡的勇氣。你能找到這樣的人嗎？」

學生領命而去。

不久後，他找來一位位學者們，但蘇格拉底卻都婉言拒絕。

直到最後，學生只能羞愧地說：「對不起！老師，我無法受託找到您所說那樣偉大的人才，真是讓您失望了！」

蘇格拉底此時已因被貴族迫害而服下毒藥。他閉上眼睛，許久才用盡力氣睜開眼說：「其實，你對不起的是自己。本來，我確信你才是最優秀的，但你不相信自己的能力，總是不斷尋找外界的偉大……」

不久後，一代哲人就永遠離開了，這位學生卻因此幡然悔悟。蘇格拉底的這位得意門生，正是我們眾所周知的柏拉圖。

在我的課堂上，許多人都曾表現得像年輕時的柏拉圖那樣，他們希望透過參加一門課程，就能從外界獲得偉大的力量，同時希望老師能點石成金，在短短的時間內，將他們徹底大改造。但我總是不厭其煩地提醒學生們：「你們的觀念錯了，你們並不需要求助外界的什麼力量，因為你們原本就是偉大的；沒有你們的偉大潛能，老師怎麼可能激發你們內在的力量？」

唯有承認自己的偉大，你才會相信自己有幸福與成功的可能，你才會對自己有更高的要求和目標。即使你努力付出卻沒有獲得成功，你也會因此而問心無愧。你不會消極地自甘墮落，接受缺點和惡習，因為你總知道，未來還會有更好的自我，正在前行的風景中等待並迎接你。

只要你帶著這樣的自信，哪怕只做出一點點微小的改變，你也應該不斷提醒自己：「我，原來這麼偉大。」

你之所以偉大，應該在於對束縛的自我突破，那種束縛並非外界強加給你的，而是你欠缺對自身的信念所造成的。

隋開皇十二年，十四歲的道信和尚去禮謁僧璨大師。

道信第一次見到大師，就問道：「願和尚慈悲，乞與解脫法門。」大師反問道：「誰縛汝？」

道信回答說：「無人。」大師復問：「何更求解脫乎？」道信遂悟。

道信和尚這時才明白，自己是偉大的，沒有被什麼人束縛住。同樣，唯一能束縛、逼迫你的，就是你自己的內心。你所有的覺知和覺察，都不應蒙蔽、壓迫、限制自我的偉大，而是要啟用，並點燃、激發其力量。

但是，如果你只能片面地看到自我的偉大，其實也會陷入與「我執」類似的苦惱中。

我所認識的許多人，雖然願意承認自己不如富翁有錢，不如明星美麗，甚至不如同事和朋友幸福，但他們內心還是不願意承

認自己只是地球上最微小的一分子，而地球則是宇宙中的一顆小小塵埃。其實，從宇宙角度來看，整體人類歷史，連億萬分之一也算不上，而一個個的生命個體，豈不是更為渺小嗎？

正因為不願採納這個角度，許多表面上有自信的人，依然談不上真正了解自己。他們傲慢地認為，因為自己了解社會百態，所以就能輕易掌握人生的祕密和規律，且能巧妙地運用它們為自己的利益服務、效力。然而事實上，一旦這樣的人遭遇挫折與打擊，他們所體會到的痛苦，將會更加難以承受。

曾經的 IBM 總裁湯瑪士‧華生（Thomas Watson）在任期內不幸罹患嚴重的心臟病，醫生為此建議他住院。

他在聽到這個建議後，立刻不安地反駁醫生：「我怎麼能住院？ IBM 可不是一家小公司，我每天處理的事情那麼多，我住院，公司怎麼辦？」

醫生笑了笑，開始收拾東西，然後說道：「先生，身為醫生，我看過無數的墳墓。要知道，我們每個人最終都會躺著進去，到那時，我們的工作總都會有人來接替。請原諒我這麼直接地說，當我們走到人生的最後一刻，我的診所會有人接管，而 IBM 也不例外。」

華生沉默了。第二天，他立刻遞交辭呈，開始接受醫生建議，積極治療。

　　或許，我們都和華生一樣，在對自我的看法中，「我」仍是那麼重要、那麼不可或缺。但事實上，在現實生活中，即使沒有你，相信其他人的生活依然會繼續進行著。

　　因此，請學會客觀地看待自己吧！很多時候，你沒有自己所認定的那麼重要。即便你在事業上獲得一些成就、在生活中也過得優裕富足，但請仍然不要忘記時常提醒自己：「我是宇宙中最微小的塵埃，我看似漫長的一生，相較於亙古的宇宙而言，不過是滄海一粟、是無法計算的瞬間，即使我錦衣玉食、出將入相，最終結果也與社會上的販夫走卒沒有什麼差別。」

　　「我，原來這麼偉大。」當你認同這句話，你將擁有覺知和覺察的力量。

　　「我，原來這麼渺小。」當你理解這句話，你將擁有放下和反省的勇氣。

　　有了這樣的力量和勇氣，相信你將更加睿智地面對自己與世界，成為在淡然中深藏稜角的人；成為在平靜中富含熱情的人；成為既擁有無限進取之心，又能相忘於江湖之人。

　　那正是觀察自我的最佳角度，也是一個人成功摘下幸福果實的起步。

◇我到底是誰？

成龍曾拍過一部電影叫《我是誰》。在這部影片中，失憶的主角不斷探尋自己究竟是誰，並展開一系列自我探索的冒險生涯。

這種追問，不僅存在於大螢幕，我們的生活也是一段尋覓自我的過程。

「你到底是誰？」當我這樣詢問新學員時，他們的回答真是五花八門呢！有人說，自己是某公司的副總；也有人說，自己是孩子的父親、妻子的丈夫；更有人一本正經地，如同面試般，正式地敘述自己的履歷……

可是，這些因素 —— 不管是事業上的，還是生活中的，乃至過去所擁有過的 —— 真的就建構成了現在的你嗎？

答案當然並非如此。「公司」是屬於全體股東的；「孩子和妻子」顯然是獨立的生命個體，只是與你有著最親密的連繫；而你的過去，當然已經託付給了時間。

其實，「我到底是誰」這個問題，並不需要真正做出什麼解釋性的回答。道理很簡單，「我，就是我」，是世界上獨一無二的生命個體。

臨濟禪師在講道時，忽然有弟子提出問題：「大師，請回答一個我困惑許久的問題，我究竟是誰？」

禪師停止了講道，每個人都默默地看著他，希望得到睿智的答案。但令他們詫異的是，禪師並沒有回答，而是直接走下自己的坐席，直走到提問弟子的身邊。

正當大家感到奇怪時，禪師突然出乎意料地抓住那個弟子的衣領。這粗暴的舉動，讓弟子大吃一驚。緊接著，臨濟禪師大聲說道：「快閉上自己的雙眼，去問問自己，到底誰在問這個問題？」

弟子順從地閉上眼睛，就像入定般久久打坐，大家看著他的表情，從疑惑、糾結，漸漸變得平靜。接著，臨濟禪師輕輕地喚醒他：「現在，你可以告訴大家，『我是誰』了。」

弟子淺淺一笑地說：「禪師，您的回答多麼神奇。即使我已經頓悟了，但就算現在有人問我同樣的問題，我也只能用您睿智的方式告訴他 —— 而不是用語言。」

真相就是如此，「我是誰」對每個人，內心本來就存有答案。其實你無需追尋，答案就是你存在的本身。

所以，你不需要、也不應該把那些外在的因素附加在自己身上，不論那些因素令人振奮，還是讓人沮喪。請記住，它們都是獨立的，並不會融入你的身體，更難以融入你的靈魂。

或許，許多人並不認同這一點。他們終其一生，都試圖向社會交出一份滿意的答案卷，證明自己是誰、證明自己存在的價值。

於是，我們在工作中，看到許多人將職業評價、職位高

低、收入多少……等，當成衡量自我的唯一標準。而他們一邊抱怨壓力，另一邊卻又喜歡這些評比項目，因為這樣，他們才能給自己下一個定義，才能證明自我存在的價值。

在多年的相同經歷中，許多人甚至習慣以這種方式去認知自己，他們以為別人口中的評價，就是自己存在的價值。甚至在他人沒有給予評價時，他們也會依據自己現有物質的多寡、榮譽的大小等普世價值觀，來進行自我角色的認定。

但是，那並不是你本身，那只是依附在你身上的一種「符號」，就像當你穿上同樣有著「符號」意義的衣服般，衣服本身並不能代表你，即使當別人穿上同樣的衣服，當然他們也不會變成你。

那麼，什麼才是真正的自我呢？

幼年時，你會從父母得到保護和寵愛。而當你享受這些，自然就會認定這些屬於自我。但總有一天你將發現，父母或長輩不再像當初那樣呵護你，於是你可能會經歷孤獨，以為自我失去了什麼。

從此時起，許多人開始執著於自我所曾經擁有和失去的。當他們成人後，這樣的習慣也不會改變。但透過有益的思考訓練，他們終將明白，「自我」並不是他人所能給自己的，也不是別人視角中所存在的，而是自己可以明確給出的。一個人從出生到學會創造，這樣的歷程並不是為了獲得更多「符號」來證明自己，這樣的努力其實就是為了讓你的「本我」得以彰

顯。因為你原本就是你自己，你所擁有的那些「符號」，其實都是你做好你自己，而獲得的獎勵。換句話說，每個人的自我都是彌足珍貴的，只要透過有效訓練，也能擁有上述心境，如此就能獲得輕鬆和解脫。

自我，對你我來說並不陌生。從另一個角度來看，「自我」就是被人們稱為「神性」的最高意識。只是在凡夫俗子的眼中，「神」是高高在上的，是一種外在的信仰圖騰，是虛無縹緲，也是神聖莫測的。但我想告訴你，事實上，你的「自我」就是真理的一部分，是神聖的一部分，它隱藏在你靈魂的最深處，也該是你從身體到心靈的最高指揮者。

這樣的指揮者就是你生命的源頭，是你在母體內曾經為之滿足喜悅的靈性。那時，你和這樣的「自我」是一體的，但當你來到世界後，把太多的注意力放在「自己獲得什麼或失去什麼」之上。這樣，你就與「自我」分離，並丟掉了「我是誰」的答案。

現在，不妨試著回歸最初的狀態吧！找到你的初心，確認你最初開始的原始狀態。那樣，一切努力才會有腳踏實地的出發點，生命將從中得到圓融的收穫。

◇抱怨世界，其實就是在抱怨自己

　　生活中，人們常見的抱怨有兩種方式：一種是喜歡抱怨世界，責怪世界對他有太多不公平；另一種則是喜歡抱怨自己，潛意識裡認為自己遠遠不如他人。

　　不妨對照你自己看看吧！多少次，你因為遭遇別人的錯誤對待，而抱怨自己沒有遇到合適的人？多少次，你因為自己的做法不被認可接受，而抱怨生活在錯誤的世界中？甚至，又有多少次，你僅僅是因為一些傳聞，就義憤填膺，感覺世風日下，生活灰暗而沒有前途？

　　即使這些抱怨都是對的，你又是否做出努力，積極地想方設法去改變？

　　答案是否定的。因為你將能用來改變的精力，都浪費在無休止的抱怨中。

　　在曾經的你看來，自己是不該被抱怨的，自己並沒有錯，錯的都是外界。因此，你習慣把問題推向周圍，每當遭遇不如意，就會發出「為什麼老天對我如此不公」、「為什麼我會如此不幸」、「為什麼其他人都過得比我還好」等諸如此類的抱怨。而實際上，對世界的抱怨，就是對自己的抱怨。換言之，你眼中的世界，正是你自己內心的投射。

　　蘇東坡問佛印：「你看我像什麼？」

佛印說：「先生長鬚飄灑、氣度超然。依我看，像是個神仙。」

蘇東坡促狹地說：「你看我雖像神仙，但我看你就像坨狗屎啊！」

佛印不動聲色回答：「我看你，像神仙，是因為我心中有神仙；你看我，像狗屎，不正是你心中全是狗屎嗎？」

「當你認為，你的問題是因他人或你自己以外的因素引起時，你成為你自己的受害者。」這是西方思想的表述。而在更古老的東方哲學中，也就是「世界就在你心」。

如果你不同意，請回答：「世界是客觀存在的嗎？」

「的確。」

再請回答：「世界在你眼中是客觀的嗎？」

「當然不！」

那些喜歡抱怨世界的人，自以為對世界了解透澈。他們沒有想到的是，每個人心中都有固有的模式，並以此觀察世界，這種模式就如同每個人的指紋般，不可能與另外任何人有全然的重複。那麼，帶著這樣的模式去看世界，你又如何能做到真正的客觀呢？

既然沒有真正的客觀，那麼你就要相信，你的行為、你的好惡，決定了你對資訊有意識的挑選，經過這樣的過程，你才能和外面的世界進行交流。如果你採用的模式不正確，你怎會不被現實擊敗、打得頭破血流而失望不已？

　　要知道，怨天尤人沒有用，抱怨並不能改變什麼。然而就在你抱怨的同時，真正會感知世界的人，已經從中找到自己的位置，然後變得更加強大和幸福。如果你羨慕他們，那就要改變你觀察世界的模式。

　　請你記住，這不是什麼自我麻醉，也不是退讓認輸，而是古今中外無數獲取幸福之人所擁有的終極祕密 —— 如果你不想抱怨自己，就請不要抱怨世界，這樣，你和世界才能達到和諧。

　　一個男孩，曾經在山崖中的鷹巢中撿到兩個鷹蛋。他高興地將牠們帶回家，放在母雞窩中，讓母雞孵化。不久，孵出的雞群中，就多了兩隻小鷹。小鷹和雞群一起長大，還以為自己就是小雞。

　　然而，當小鷹逐漸長大，當牠們搧動翅膀、躍躍欲試時，這讓牠們感到驕傲，覺得自己和周圍世界是不同的。這種感覺愈來愈強烈，最終牠們覺得自己不應該是雞。

　　其中一隻鷹開始觀察天空，當牠看到老鷹在高空翱翔時，便羨慕地想像自己是不是有這樣的能力。牠每天都給自己信心，並感謝世界給牠的能力。不久後，牠終於振翅飛向天空，離開地面上的雞群。

　　但另一隻鷹卻一直待在雞群裡，雖然牠的翅膀也有鷹的那種力量，但牠卻始終在抱怨：「為什麼我是一隻雞？明明覺得自己很有力量！我不喜歡這個亂七八糟、髒兮兮的雞窩……」

在對世界、對自己的抱怨中，牠忽視了自己應有的角色，放棄了運用自己與生俱來的力量，隨著時間的流逝，牠真的變成一隻奇怪的「雞」。

兩隻鷹面對的世界是相同的，牠們本身的條件也是相當的，但由於抱怨與否的差異，牠們獲得不同的未來。

在下次你想抱怨時，請記住，抱怨就是一種懦弱，更是一種不成熟，這種態度不是你對世界的抗擊，而只是你對自己無奈的表現。這種抱怨掩蓋了你不敢面對的現實，而無益於對生活的改變。引起你抱怨的那些痛苦和悲哀，其實並不會因為你的抱怨就消失。難道你沒有發現，這些痛苦和悲哀也來自於你自身嗎？如果你無法戰勝自己，你就沒有資格獲得更好的生活。

當我們看清這一點，再來重新看待自我和世界的關係，就會多了幾分寬容。世界和我們是可以相互選擇的，而世界也不會對此做出什麼承諾，你看到怎樣的世界，都不是你注定應該獲取的，而是憑藉你不懈的真誠努力，才能得到的。

曾經在納粹集中營被迫害的奧地利心理學家維克多·弗蘭克（Viktor Emil Frankl）這樣說：「從遙遠的科學立場來看，那些事情都變得客觀。在困厄處境中，我將自己的痛苦和煎熬，當成前塵往事加以觀察。這樣一來，我自己和我的遭遇，全都變成一項有趣的心理學課題。」

採用這種態度去看待生活與自己的關係，你有什麼理由不樂觀和積極起來呢？

　　原諒世界是有效的成長方式。不是要讓你忘記所有不公，成為失去感覺的麻木者；而是要學會站在客觀角度看待自己和世界，從而緩解你所感覺到的不幸。當你選擇相信世界，你才能原諒世界。這樣，你的生命之舟才能堅強地揚起希望的風帆，朝向那片美好的藍海人生，前行不止。

◇放下虛妄，發現真實的自己

　　所有的學員參加課程都是為了得到有效的訓練。同樣，在書本中，你追求的也是真實的智慧。相信沒有人會選擇那些明知會通往懸崖的絕路，也不該有人喜歡那些虛假的自我知覺。

　　但是，在現實生活中的每一天，許多人卻偏偏選擇虛妄，選擇用欺騙和麻醉自己，來投入自以為是的生命成本。不僅如此，還希望你的整個生活都接受這種虛妄，愈是有人認同你追求不已的虛妄形象，你愈是為之沾沾自喜、志得意滿 —— 或許這樣的體驗，就是所謂的成功美滿。

　　可惜，虛妄只能幫助你暫時自我麻醉和欺騙他人，卻不可能為你打造出一座牢不可破的人生城堡。一旦雲煙散去，你還有什麼？無情的世界會把你之前幻想的材料全都拆毀，然後讓你難以為繼，不知如何選擇！就像你喜歡的那齣電視劇終將結束，當你

從劇情中抽離時所感受到的悵然若失一樣。但那畢竟是電視劇，如果你在生命裡選擇演戲，用虛妄來博取幸福，那麼生命必然會用同樣的虛妄回饋你，讓你兩手空空、無從所獲！

唐吉訶德（Don Quixote）就是始終生活在虛妄自我形象中的典型。當他看見郊野的幾十架大風車時，他認為那是值得挑戰的巨人，而自己是注定戰勝他們的騎士。在這樣的幻念下，他會催動坐騎、高舉長矛，與風車作戰，最終不僅受傷倒地，更是狼狽不堪。

你以為他真的是看錯風車？其實不然，他只是看錯了自己！

許多人對自己的判斷、意識和察覺過程中，參雜太多脫離現實的成分。他們或者以為自己才是一切的中心，又或者覺得自己太過缺憾。這樣，個人意識裡的自我和真正扮演的社會角色迥然不同，而「真實」的自我和「感覺到」的自我截然分離，苦惱也就隨之而來。

佛理曾云：「世上的一切感知，包括色、香、味、聲等，都是『妄緣』」，也就是並非真實的因素，是人真正探索世間真諦的障礙。如果你真的以為自己就是他人眼中、口中的那個人，或以為自己跟想像的一樣，那就大錯特錯了。

1957 年，泰國的某個寺院面臨拆除重建，當時有一群僧人負責搬運寺廟裡的巨型泥塑佛像。搬運途中，有僧人發現在佛像表面，出現了一條細細的裂縫。於是他們決定暫時停止搬運。

　　有位年輕僧人緊張地拿著手電筒來到佛像前仔細檢查，當手電筒的光束照到裂縫時，僧人感覺眼睛被光線反射到。他開始嘗試用小型工具一點點的剝開佛像身上的泥土，這道光亮更加明顯了。原來，這尊佛像竟然是一尊巨大的金佛。後來經考證顯示，當年僧人們為了保護佛像，才將泥土塗抹在佛像表面。

　　很多時候，我們給自己強加的形象，也是為了保護自己免受傷害的工具而已，但這樣的形象一旦被固定化，就會成為虛妄的表象，而掩蓋的卻是你內在的真實價值。

　　因此，回歸本質吧！你就是你自己，你用不著刻意扮演誰或學習誰，從而變得與他們相似。世間萬物，其實都有自己的本質。捨棄自我本質，反其道去追求虛妄的形象，會讓你痛苦不堪。所以，每當你感到煩惱、遺憾時，就應該問問自己，我所追求的是不是自我原本應該擁有的東西？我這樣做，是不是為了發現真實的自己？

　　有人曾經乘船渡江，他看到江水開闊平靜、氣勢一望無盡，感到非常欣喜，以為那是世間美景。但不久之後，一陣狂風颳來，掀起波濤洶湧，一葉小舟高低起伏，雖然氣勢壯闊，但已經把他嚇壞，沒有心思欣賞美景。再等到雨過天青，又是寧靜美麗的景色。此時，這個人冷靜下來，想想自己剛才的恐慌，再看看掌舵的船長始終平靜、淡定的樣子，便問道：「難道你不怕方才如此強烈的狂風巨浪？」

「沒什麼可怕的，無非是水罷了！」

相信你現在明白了！生活中，不管你過得波瀾不驚，還是洶湧起伏，其實都不過是水而已！快樂是生命體驗，難道痛苦不是？朋友是世界的饋贈，難道對手不是？相聚是人生的一部分，難道分離不是？不要被其中的差別所蒙蔽、迷惑，因為這些差別原本就是虛妄的，如果陷入對這些差別的追求，就沒有時間和心情來發現真實的自己。

換而言之，如果你的一切糾結，都源於那些與你的自我原本無關的東西，那就是在浪費寶貴的生命。

做真實的自己，去探尋屬於你的本相，才能獲得內心平和與外在愉悅。

去做真實的自己！從世俗的喧囂、浮躁中出來，給自己一些空間獨善其身。在這樣的空間中，不要掩飾內心的聲音，也不需要總是面帶微笑地去迎合、應付所有人！

去做真實的自己！找到自己原本的模樣，讓感動重新回到你的心頭，尋找自己在世間生存的意義！

去做真實的自己！不要為了他人眼中的成功而不擇手段，也不要為了你想像中的完美，而放棄自己的特別之處。轉過身，承認你自己原本被禁錮在潛意識中的真實，而不是選擇背叛它們！

只有「成就」真實的自己，我們才能真正「取悅」自己，才能讓他人感受到我們身上的美好。在現實的生活和工作中，

表現自我、堅持自我，也能讓你的樂觀和自信感染更多人，讓他們看到你的勇敢和坦然，並成就你未來將要走的道路。

◇我是一切事物的根源

時代發展、世界變化，許多人苦苦執著於追求擁有更多的事物、更多的成就，但這樣的執著，虛幻不實且來回往復。長此以往，你將會什麼都無法覺察，什麼都無法放下，只有不斷的煩惱和痛苦。

世界屬於你嗎？世界並不屬於你，世界本身就根源於你。

終有一天，我們每個人都會被迫離開世界，那時世間萬物對你來說，都已經不存在了。因此，你所要做的，不是拋棄和割捨任何事物，而是放棄你對這些事物的拚命追趕 —— 它們本身與你無法分開，能夠為你所用，但永遠不會屬於你。

許多人都曾錯誤地認為：「我是誰，並不取決於我自己，而是取決於我的願望能否得到全然滿足，如果能，那麼我就會擁有快樂和幸福的人生。」相信你也可能產生類似的想法，但正是這種無止境地追求，才致使你感覺自己一無所獲！

如果你能放棄對外界物質的追尋，而把重心放到自己身上，會發現什麼呢？

你會發現，你所面對的一切都源於你自己，都和你怎麼去看待社會相關。

因此，請不要再經常抱怨家庭、社會和環境，而應不斷提醒自己：「我，才是一切的根源。」並將這點牢記於心，然後時常反省，修練自己。正如哲理所言：「山不過來，我就過去」。因為對幸福的追尋猶如登山，很多時候，我們沒有辦法直接改變萬事萬物，但我們可以從改變自己著手。

許多學員在剛加入這門新課程時，都希望在表述自己的問題後，便能馬上得到幫助、改善。

他們說：「同事不喜歡我，他經常針對我！」、「明明我做得才是對的，但客戶始終不願承認！」、「我的丈夫太不顧家庭了，一天到晚總是在外面應酬！」、「為什麼學生時代的同學們，各個都比我成功？」……

當我聽到這些抱怨的當下，我為學員們感到痛心。因為這些負面情緒，並不是他們身處什麼困境，也不是源於他們所感受到的不公平，而是他們沒有透過生活表象的反饋，去看清自我的重要意義。

下雨天，你被淋溼了。或許你會埋怨天氣，但天氣只是下雨的根源，並不是你被淋溼的根源。你沒有提前看天氣預報、帶雨傘，其實才是根源。

同樣，如果你覺得別人針對你、不喜歡你，問題根源並不在他們，而是在於你的一言一行，沒有讓他們接受你。

　　如果上司不願意聽從你的建議，那是因為你還沒有充分表現出應有的專業度或說服力。

　　如果客戶不接受你的產品，那也是因為你沒有挖掘出他們真正的需求，並給予滿足。

　　如果家庭關係沒有你想像得那麼溫馨、和睦，那也不全是家人單方面造成的矛盾，沒有任何一種家庭問題不牽涉到雙方……

　　所以，唯有「你」才是一切的根源！一切讓你感覺幸福的原因在於你，同樣地，一切讓你感覺痛苦的原因，也在於你。如果你的心態是正向、積極的，那麼無論你面臨怎樣艱難的環境，都能想方設法為自己帶來真誠和鼓舞；但如果你以消極且灰暗的心態面對，那麼你將會感受到前所未有的冷漠和壓制。

　　外界事物的本身，並不足以操控和影響我們，而我們對事物所持有的看法，卻能改變它們。你不能掌握風向，但難道你無法調整風帆？你無法改變別人，但難道你無法改變自己？你不能改變今天的事實，但難道你不能提前為明天準備？

　　明白了這樣的道理，無論面對什麼事情，都應該學會「放下」，放下的不是自己的責任，而是無謂的責怪、抱怨。你不會再以外界的原因當藉口，而會迅速反求諸己，抓住問題的關鍵。當你比今天更加勇於承擔和面對自我時，再困難、再棘手的狀況，也會在你對自我的調整過程中，迅速地迎刃而解。

　　當你感到憤怒時、當你感到失望時，此刻你不需要想其他

事情，而是要立刻在心中對自己默念道：「我才是這些問題的
根源，我也是解決它們的根源……」這樣，你就可以很快感覺
到，自己的心情開始變得不一樣，你放下了外在的干擾因素，
找回屬於你的自我，隨後你就可以理智地看清自己和周圍的關
係，採取合理而適當的方式進行處理。

世界著名的足球教練米盧蒂諾維奇（Bora Milutinovic），以
多次帶領不同足球小國打入世界盃的輝煌戰績而聞名於世，他
有一句名言：「當你不知道該把球往哪裡踢時，就往球門踢。」

解決問題其實沒有那麼麻煩或困難，你想過嗎？如果你不
知道怎麼面對外界，你唯一能做，且應該做的，難道不是去面
對自己的問題嗎？

在這個世界上，沒有天生的幸福，也沒有完美的生活，這
些都不會憑空而來，只會有一流的堅持自我者。無論夢想多麼
高遠，或你有多麼幸運，你都要切實記住，所有的一切都來自
於你對自我的不斷發掘，並使之完善。

若你真正意識到自我，才是一切事物的根源，那麼你就不
會再害怕面對壓力、競爭和困難。這是因為你只需要專注做完
美的自己，外在的那些難題就會自然消失。如果你覺得壓力太
大，那只能說明你還沒有找到最完美的那個自己。

每個人的自己都由他對自我的態度決定。一個人今天的自
我，來自於他昨天如何看待自己；而他怎麼對待今天的自我，
則決定了明天他會看到什麼樣的生活。每個人都是自己境遇的

根源，如果今天遭遇不佳，要做的就是檢討過往與曾經。

　　原因在「自我」、行動在「自我」，成功和失敗也都取決於「自我」。自我既是原因，同時也會是結果。從面對自我做起，以此作為你的人生法則，你將會擁有一種與失敗者完全不同的思考習慣和人生態度。

Chapter 2
開啟心門靠自己：溝通·打破·真誠

　　心門，是阻擋在你和世界真相之間的一道圍牆。走出這道圍牆，你才能看見更廣大的世界，才能置身於更加真實的環境。因此，學會開啟心門，就意味著學會真誠溝通，藉以消除你和他人之間的藩籬。

◇心門開啟，世界豁然開朗

　　初來到我課堂上的每個人，剛開始都是用厚厚的偽裝包裝自己，把自己的心門緊緊關起來，因為他們覺得這樣才最安全。

　　他們拒絕與別人溝通，沉浸在自己認為的安全裡。但是，心門關久了，他們簡直要發瘋，找不到方向，找不到人生的意義，也品嘗不到人生的美善。

　　他們開始尋找突破，開始尋求別人的幫助。在心靈的困境中，他們迷茫、失望、無助、找不到出口，所以他們報名參加此課程，希望我能幫他們走出人生的困境，尋求人生的解脫。但是，我怎麼做得到呢？

　　關閉了心門，水潑不進，火燒不進，我縱然是神仙，也幫不了他們。能幫助他們的，只有他們自己。而我，充其量只能是一個指引者。

　　俄國有位名人叫巴爾蒙特（Balmont），他一生執著於對太陽的崇拜，創作很多有關太陽的詩歌。他始終認為：「人離開太陽，就像心離開詩歌一樣，是無法生存的。」自稱為「太陽歌手」的他所描述的「太陽」，其實就是存於世間的美好事物；「詩歌」就代表人在世間生存的樂觀開朗的態度、開啟心門的狀態。

　　佛祖問眾神，要把快樂藏在哪裡？有人建議藏在深山中，有人說藏在深海底。可是這些答案佛祖都不滿意。最後佛祖決定把快樂藏在人心裡，因為人有七情六欲，最容易迷失的就是人心。然而人們最不擅長的，卻是開啟心門，從自己的內心找尋快樂。

　　當你一個人靜靜地待在房間時，你開心嗎？你會認為別人跟你說的每一句話，都是真實的嗎？你生活在你所夢幻的虛假當中，而你平時為了面子、自尊，不斷地修飾自己、委屈自己。你可以問問自己內心深處，真的快樂、幸福嗎？周圍的人，真的在跟你講真話嗎？他們是否都在欺騙你？而你也去矇騙別人？當你有一天回到真實的環境，別人跟你講真話時，才赫然發現自己原來這麼不習慣……

　　一位心理學家受聘在一家公司進行講座時，為職員們做了一個有關真話的測試。首先，他將一個箱子放在大家面前，請大家將自己接下來一週內可能會說的謊話寫下來，並投入箱中。

　　一個星期過後，心理學家請大家打開箱子，找到當初自己所寫的謊言。大家看完後一陣沉默、面面相覷，紙上寫的謊言，竟然幾乎每天都在說。

　　隨後，心理學家又要求所有人把之前一週內講過的真話寫下來，並繼續收藏起來。

　　又過了一週，心理學家再次打開箱子，取出所有的「真

話」，而大家也都驚奇地發現，曾經的那些所謂的「真話」，現在連自己都不相信了。

原來，我們關閉心門太久，連自己都開始欺騙自己了。為什麼我們會迷失自我？就是因為我們受到太多外界因素的干擾。我們不停的追名逐利，忘記自己才是萬事萬物的根源，自己才是成就所有事情的根本。

如果可以，請你現在關燈並安靜坐下來，回想你兒少時的理想，再想想你目前的生活。從小到大，是否有很多話壓在心裡不想說，也不敢說。你認為開啟心門是可怕的，是極不安全的。因為你對很多事情感到困惑，可是這樣的你，生活真能過得舒坦嗎？

你為了撐起所謂的面子、形象，找了很多理由，去偽裝它、包裝它，去合理化自己的一切行為。但是你內心深處知道這樣是不舒服的，你也同時知道你對你自己是不滿意的。你把自己罩上厚厚的面具，從來不敢開啟心門。

其實對一個人而言，轉變一下態度，敞開自己的胸懷，真誠地面對周圍的一切，世界就會迥然不同。好比關在同一個監獄裡的兩個囚犯，一個透過窗戶，看到窗外的自由和希望，而另一個只看到自己被關在深深的監牢裡，不僅失去自由，也因此對未來絕望。

在生活與工作中，別總是為了外在的事物，而一味迎合別人。不要緊緊關上心門，拒絕陽光的照入、拒絕別人的真誠、

善意。你可以讓自己活得很順心，也可以讓自己處於看似水深火熱的環境，這都將隨著你的內心狀態而決定。

一位自食其力的女孩，擺攤販售自己的手工製品，雖然賺不了多少錢，但只要你購買這些飾品，她就會對你微微一笑，並道感謝的話語，讓你感覺出她的真誠謝意。

身邊那些開啟心門、迎接陽光的例子太多了。只有敞開心門，世界才會豁然開朗，你才會體驗出人性的真、善、美。人生苦苦追尋的幸福，其實一直在你心裡，只有藉著開啟心扉，學習接納自然，才能看到這樣的溫暖。如果你拒絕接受這份美好，那麼迎接你的，也只剩下痛苦了。

◇走出去，跟所有人溝通交流，發現美好

現代人共同的特點是，雖然在物質上看似愈來愈強大、豐沛，但在精神上卻愈來愈顯得脆弱、貧乏。

難道你沒有這種感覺嗎？隨著社會生活節奏的加快，人與人之間的競爭意味愈來愈濃，你覺得什麼都需要努力、打拚，什麼都得依靠自己。漸漸地，你開始築一道隱形的牆，把自己徹底封閉起來，潛意識催眠自己沒有時間與他人進行更多溝通和情感交流，甚至認為不值得花時間在這些事上。就這樣，漸

漸地為自己親手打造一堵高大且封閉的「圍牆」，在「高牆」裡，一個人默默地堅持、忍受，還自以為這就是通往所謂成功的必經之路；然而有時侯撐不下去了，你卻又會抱怨朋友愈來愈少、真情愈來愈難尋覓……

在課堂上，我會第一時間坦誠地告訴這類學員：「錯不在世界，乃在於你！」

從生命的原本意義來說，「人」這個生命體本來就是孤獨的。然而，人之所以能克服孤獨感，是因為他們可以利用個體身分參與群體活動。愈是自我封閉的人，愈是無法融入群體，愈會感到一股可怕的孤獨感。反之，當你主動開啟自己的心門，世界也就同時向你張開了歡迎的手臂。

美國老牌影星麥克·道格拉斯（Michael Douglas）曾三次獲得奧斯卡金像獎的最佳男主角提名，後來獲得奧斯卡終身成就獎、金球獎終身成就獎。看似輝煌的職涯，但他事業的起點並不順利，他曾落魄潦倒，幾乎每個知名導演都認為他不可能成功。然而道格拉斯並沒有因此否定自我，而是保持與人溝通、交流的習慣。一天，正當他搭火車時，與身旁的一位女士攀談，壓根沒想到就是這次溝通，成為他人生的轉捩點。幾天後，他就受到邀請，去製片廠報到，原來在火車上交談甚歡的那位女士，正是當時知名的電影製片人。

設想一下，假如道格拉斯因為屢受打擊而自我封閉，他如何能夠突破阻礙，並邁向成功的那道無形屏障？如果他無法透

過友善溝通將自我推銷出去，又怎能讓他人承認、肯定他所擁有的演技？

反觀今天，很多人一味地沉浸在現有的狹小世界中，他們不願意走出去，經常表現出自戀、自憐、自傲，覺得周圍沒有人能理解、肯定、甚至欣賞自己。其實真的是無法理解嗎？可能更大的問題，是他們自己的心智模式過於柔弱，思維方式過於單一，沒有透過有效的溝通，去向別人充分展示自己的特點。

要知道，一個人如果無法意識到自己身上存在的問題，是非常可怕的！當你在冷靜觀察社會的同時，不要忘記，你也需要經常透過和他人的接觸，保持對自己的了解。

那麼，什麼才是你所需要的溝通？常規的溝通，就是指採取任何方法與他人進行資訊交換。這個過程聽起來很簡單，但很多人因為種種因素，而失去了溝通的膽量與能力，這就讓他們逐漸失去向他人表達情感的機會。

在我眾多學員中，有位公司資深總裁，在事業上的確相當優秀，在社會中也有一定的地位、權勢。但是他卻滿懷苦惱地來我這裡尋求幫助。他說自己多年來忙於工作，感覺與妻子、兒女愈來愈疏遠；想要表達對他們關愛的情感，卻發現除了提供不虞匱乏的物質外，其他什麼都做不好。

我告訴他：「您不需要額外做些什麼，只需要透過溝通來表達您對家人的愛。」接下來，我嚴肅地告訴這位總裁：「您的太太每天不出門上班，在家裡為您準備豐盛的早餐、熨平整的襯

衫、整理髒亂的家務、看管幼小的孩子，就這樣數十年如一日，而您卻從來沒有對她說過『謝謝』，這實在就是您的無能。」

總裁當下很震驚，顯然，他與讀者中的多數人一樣，從來沒想過自己也會有「無能」的一面。但他隨後，便開始學習向妻子、兒女們直接表達感情，並告訴他們，自己雖然從來沒有直接表達過內心真實感受，但自己是多麼愛他們、感謝他們。隨之而來的，是家人因為他的舉動而改變了，妻子不再總是沉默，孩子也不再那麼叛逆。

後來，這位總裁與我分享，他說：「幸福不可能只源於事業、社會中所獲得的成功，還來自於愛，而愛則與分享、合作和溝通有密切關係。」

如果你習慣將自己的想法和感受都鎖在內心深處，不願、也不敢與他人分享，那麼你將會與社會分隔，你的世界將會變得窒礙難行，進而帶給自己無比的沮喪，甚至連想幫助你的人，也會因與你溝通不良，而無從著手，愛莫能助。

在知道了溝通是開啟心門的鑰匙後，還需要了解怎樣有效運用這把鑰匙。不妨回憶一下，你為什麼會擔心，乃至演變為拒絕溝通，可能是因為你在電梯裡，不知道怎麼與上司打招呼，或者是因為你不懂得在生活中，如何主動幫助別人，這些可能都是因為你潛意識害怕溝通所造成的。因此，你必須先鼓起足夠的勇氣。

為了擁有這樣的勇氣，你可以有意識地訓練自己。每當你

害怕和某些人溝通時，就想像這是最後一次見到他們，為此你必須抓住現在的機會，勇敢告訴他們自己的感受，或表達自己對他們的情感。透過這種不斷的自我暗示、練習，相信你會逐漸適應溝通，並在恐懼還不至於太過嚴重時，就能將之克服了。

有一個故事值得所有試圖封閉心靈的人們思考。有人迷失在山谷中，他不斷嘗試尋找出路，但面前依然有許多未知的路。他又累又餓，只能停在原地思索。幸運的是，他發現另一個旅行者，於是向他大聲呼喊求助。那個旅人看起來好像也如釋重負，回應他：「我也迷路了」。於是，兩人結伴開始分享旅途中的經驗，彼此幫助，綜合分析彼此探索過的路。最終，兩個人一同走出山谷。

擺在你面前的人生，有時候充滿挑戰，有時侯又充滿迷茫，這並不是你自己造成的，但也絕不是你一個人就能對付得來的。當你面對這些環境時，你需要與他人分享感覺和經驗。透過不斷地資訊交流與溝通，相信每個人都可以比現在活得更加穩定和充實。

◇信念決定人生方向

你對自己的人生方向有多大的信心？你認為自己的猶豫不決，會導致人生之路不斷搖擺嗎？你因為懷疑自己，而不知道應該做什麼嗎？你是不是想做好一件事，但又害怕有其他因素造成阻擋呢？

不少人因為經歷過種種失敗，而變得不再那麼輕易相信。他們不相信勵志，不相信勇敢，不相信奇蹟，甚至不相信自己！捫心自問，你是不是也有以下這種問題：每當感覺有所不足時，便用「即使我努力了又怎麼樣」的心態來逃避。隱藏在這種自我放棄態度背後的，正是信念的消失！

種子深埋在土地中，支撐它成長發芽的，是努力成長的信念。同樣，只有信念堅定，才能對生活充滿無限的熱情。當你相信自己未來可以比今天更好，你才會無形地點燃滿腔熱情。這就好比當你想要擁有一團熊熊的火焰，那麼就必須先有火種一樣。

吉爾‧金蒙特曾經是美國最優秀的滑雪運動員，並曾上過著名的體育週刊雜誌封面。當時她全心奮鬥的目標，就是獲得奧運金牌。但命運並沒有給她這個機會，她在 1955 年參加奧運會預賽時，因為一次突如其來的事故，導致她雙肩以下永久癱瘓。

即使如此，金蒙特仍以充分的信念，勇敢面對人生。儘管她每天都只能在輪椅上度過，她還是樹立了自己新的理想、目標。她不斷學習如何在輪椅上寫字、打字、用特製餐具進食，並在加州大學選修課程，希望日後能順利成為一名教師。當時許多人覺得她的願望不切實際，不可能實現。然而，金蒙特憑藉其堅強的意志，最終從大學畢業，並成為華盛頓大學教育學院的教師。她因教學能力出眾和人格傑出，很快贏得學生的尊敬，也獲得學校的信任。

金蒙特雖然沒有獲得奧運會金牌，但她秉持著一貫不滅的信念，無論遇到怎樣的人生低谷，都沒有失去對生活的信心，因此始終都是人生的強者。

對每個人而言，信念就像靈魂的支柱。當面對壓力時，信念愈是強大，靈魂就愈能穩定地承受種種磨難，而腳步才能越發踏實且忠信地朝向目標邁進。人生如同高低起伏的曲線，雖無法預估，也無法完全掌握未來的情況，但信念應該是固定的，猶如在大海中航行的「指南針」，不論海況如何、遭遇如何，都應該努力將生命之舟調整到信念所指引的航線中。這樣，信念就能推動你去做那些看似不可能達成的事情，最終將發現並實現自我價值。

曾有人問我：「信念究竟是在努力之前就具備的，還是在努力中才能獲得的？」我的回答是：「這兩者是不可分開的。」如果人生是一場修練，那麼信念就是修練的主要內容。只一味

依賴運氣和機會的人，既沒有堅定的信念，也不會真正開始努力。而那些為信念所奮鬥的人，無論在他的生活或事業中，遇到什麼困難或阻礙，都會採取基本的信念標準來正確對待。

當你建立起屬於自己的信念後，除非你選擇背叛自己，否則這樣的財富，將永遠緊緊跟隨你。它會幫助你在不同的境遇中，始終擁有自信，也能讓你始終保持頭腦的清醒，信守對自己的承諾。

許多人欽羨那些成功者，然而與其羨慕，不如先建立像他們一樣的堅定信念。洛克斐勒（Rockefeller）是美國歷史上最偉大的企業家之一，他的一段經典名言，足以讓每個人時常默念，用以自我激勵：「在任何時候，我都不忘增加信心。我以成功的信念取代失敗的想法。當我面臨困境時，我所想的，是自己會贏，而不是我也許會輸；當我和他人競爭時，我所想的，是要跟他們做得一樣好，而不是我比不上他們；當機會可能到來時，我所想的，是我能夠把握住，而不是我做不到。」

和洛克斐勒一樣，你永遠不該過低地評價自己，因為這種自卑會殺死你的靈魂。首先需要徹底去除那些負面的「信念」，才能看到堅定信念的可能。

例如，曾有人聽說，參加我的課程能夠改變人生，但他卻對別人說：「我知道，不過我想這種課程，對我應該是沒什麼用的。」

　　對這樣的人，我並不歡迎他加入課程，因為他渾身上下帶著一種自我摧毀的「負面信念」，用心理學的術語來形容，那就是「無用意識」。這種意識在這個社會上經常出現，很多時候都是由於一個人在某方面有太多失敗之後，便認定自己在所有方面都無用，並放棄所有的努力和嘗試。

　　在這樣的人眼中，困難或障礙將會永遠存在，而他們就像被自己的負面想法洗腦一樣，不會做出任何行動去應對或改變現狀。所以，如果你身邊有這樣的人，如果你無法改變他們，那麼就請離他們遠一點，不要讓他們的負面情緒影響你。而我給你們的建議是，不管自己是否被生活傷害過，不管自己是否面對最窘迫的處境，都要激勵自己：「那些黑暗遲早會過去。」而實際上，只要你能這樣相信自己，終究會有看到光明的那一天。

　　建立強大信念的另一種方法，在於正確、積極地看待困境。樂觀的人，通常更容易建立信念，他們會在努力摸索前進的同時，將自己面臨的問題解釋為有益的挑戰，或從中看到某些方面的希望。例如，同樣是面對千百次實驗結果的失敗，缺乏信念的人，可能會認為成功遙遙無期，而愛迪生反而認為這是有益的，起碼讓他發現了不適宜當電燈泡的上千種材料。

　　當然，想擁有強大的信念，除了消除負面想法之外，還必須積極改變陳舊的信念。並非人生中所有的信念都是應該堅持的，一些信念隨著環境的變化，將不再適合你，或無法帶來幸

福，那麼你就應該做出積極的努力，去改變現況。因此你可以每過一段時間，坐下來靜靜思考，並整理前段時間所確信的信念，繼續堅信那些為你帶來快樂和進步的，同時剔除和改變那些帶給你痛苦的。

無論如何，堅定信念和努力行動的過程，實際上相互保障、相互支持。只要我們還在這世界上生活著，就應該擁有希望。而這樣的希望能否實現，就要看你有多大程度地忠於你的信念。

◇不打破現有狀態，見不到山外青山樓外樓

禪理云：「不破不立，先破然後才能立」。但今天，「打破」對所有人而言，並非是容易做出的決定。你們不妨觀察自己，面對危險，你們和所有人一樣，都有本能的躲避心理，因為誰知道在打破這道危險之後，還會有多大的危險正等待著？所以，你總是對未知抱持恐懼。躲藏在現有的狀態中，你也許感到很舒適，但讓你的人生始終離幸福差一步的，不正是這樣的「舒適圈」嗎？

龍蝦和寄居蟹都是海中動物。一天，龍蝦正在換殼，寄居蟹看到以後，感到很害怕，牠問：「龍蝦，你把殼脫掉了，這

怎麼可以，難道你不怕被大魚一口吃掉嗎？難道你不怕被大浪打成肉泥？」

龍蝦笑著說：「謝謝你的關心。不過，我們龍蝦每長大一點，就需要脫掉舊的殼。因為舊殼對當下的我來說，已經不是保護，而是束縛了。只有打破原來的安逸生活，才能獲得更強大、更堅硬的自我，避免成為外界的食物！」

我們許多人都希望自己成為能支配自我命運的人，但真正勇於邁出步伐，打破舒適圈的人卻很少。許多人在內心為自己畫出不同領域的紅線，一旦接近這些紅線，就會提醒自己「一定不能踰越」。其實，他們正像那隻寄居蟹，永遠只會背負著拖累自己的殼，放棄能接近完美的機會。

想要打破現有狀態，首先你要學會看破目前狀態的真相。記住，那些讓你感覺舒適的人、事、環境或狀態，並不像表面上那樣完美，他們反而會慢慢消磨你的意志，摧毀你生命的源泉。

相反的，那些生長在岩石之間的樹木，其生命總是特別頑強、堅韌；那些能夠在沙漠中存活的種子，遇到一點點水分，就可以萌發生命；而生長在嚴寒地帶的苔蘚，也能夠適應長期的乾燥和酷寒。對個人來說，現有的舒適生活、順利境遇和讓人滿足的地位，固然曾經是你發展和奮鬥的有利條件，但相信隨著時間的延長，你浸潤其中愈久，就愈容易遠離奮鬥的初心，有朝一日，當你想做出改變時，恐怕已失去寶貴的機會！

　　所以，勇於奮鬥的人，總是會主動打破現有的安全狀態，走向更大的世界，迎接更美好的未來，看到屬於他們的「山外青山樓外樓」。

　　更何況，就算你不去主動打破現有狀態，難道你就不會遇到困難嗎？無數的事實證明，選擇「打破」，的確會有面臨困難的危險，但不選擇「打破」，困難一樣會親自找上門！在這種情況下，不去選擇改變，就意味著，你只能坐等困難的到來，然而主動求變，也不會讓你變得更糟。即使當你「打破」後，沒有看到想獲得的成果，但起碼不會因沒有努力過而後悔、失望。

　　我家附近有個小超市，老闆全家人的收入，主要依靠這個小超市。由於社會發展快速，附近商業區的生意興隆，唯獨這家小超市的生意逐漸變得清淡。然而我每次路過，看到老闆時，他也只是趴在電腦前玩遊戲，等待少數客人上門。

　　因為經常去小超市購買物品，我就好心提醒他：「你的店並不是沒有更好的發展潛力，而是你習慣從前那種坐等生意上門的狀態；想要收入更多，你必須打破目前這種被動的狀態。」

　　過段時間，我發現超市老闆開始改變了。他把電腦從櫃檯上搬走，又把店裡所有商品重新排列整齊，至於那些紙箱、罐子、盒子，也都被井然有序地陳列上架。接著，他又把店內的門窗、櫥櫃都擦拭得閃閃發亮。這樣一來，店內的環境變得大為不同，相同的商品看起來也更吸引人了。

　　兩個月後，老闆果然高興地告訴我：「在改變後的這段日子裡，他不管是接待客人、還是進貨，都感到精神奕奕，且生意也隨之興隆許多。」

　　如果你非要問到底是什麼原因，讓這位老闆有了神奇的力量，我只能說，是因為他自己。因為在這段日子裡，根本沒有其他外界的變化，唯一變化的，就是他自己。從他相信自己應該開始打破原有狀態之後，情況就得到了改善。

　　相信你從這個事例中，能明顯得到啟示，那就是每個人都有超出自己原先想像的能力，想要激發這樣的潛能，就必須從打破現有的平衡感開始。

　　勇於「打破」的人，都是在平衡狀態中能夠居安思危的人。因此，沒有危機感，才是你最大的危機。當你身處順境時，要提醒自己看得更遠，提防那些可能發生的問題；而在你獲得一些成績後，更需要去設想，如果你更加努力，能獲得怎樣更好的進步。

　　在此基礎上，「打破」還需要積極改變那些自我設限的既定思維。隨著經驗的累積、年齡的增長，我們很容易對許多問題視若無睹，或很快給出答案。但我們不妨多問問自己，這些答案難道就不會有所改變嗎？難道隨著我們各方面的成長，就找不出更好的答案嗎？Levi's 牛仔褲的創始人李維・史特勞斯（Levi Strauss），原本只是淘金熱中一個狂熱的追隨者，但他來到舊金山，發現所有人都沉迷於淘金後，他就發現了商機，且

給出答案 —— 用帆布做成褲子，賣給這群淘金者。就這樣，他創立了最早的牛仔褲公司，並因此獲得遠遠比淘金更多的財富。

毫無疑問，「打破」是必然的，而你在打破安逸狀態之後，更應該像李維那樣，接著打破原有的知識結構和經驗模式。這些知識和經驗，曾經為你提供規律，但如果長期依賴舊有的知識和經驗，無非讓你走回老路，總有一天會面臨失敗。在舊知識與經驗失效之前，要用新的知識和經驗取代，這樣才能擺脫心智模式中的束縛，獲得更加有效的啟迪。

先賢孟子曾經說過：「有人說我無法移動泰山，這是真話，這叫『不能』；但如果有人說我無法折斷樹枝，那就是假話，這就叫『不為』」。

那麼，你有沒有想過，打破自我舒適圈的這個行為，究竟是「不能」，還是「不為」呢？如果你永遠停留在追求安全感的制約狀態中，永遠認同目前的穩定，那麼實際上，你就被原有的自我所接管，將所有「不為」視為「不能」。相反，當你選擇放下舊我，奔向新我時，你才能有所作為，得到輝煌、偉大的重生！

◇敞開心扉，見證自己的成長

如果你始終不願意邁開第一步、走向港口，那麼你將永遠無法見識到海洋的壯麗景色。同樣，不妨試著問問自己，有沒有膽量真正開啟心扉，從而讓自己見證自我的成長。

現實中，許多人因種種原因，將自己的內心封閉起來，他們不僅不向他人敞開心扉，甚至對自己也不願暴露真實的想法。試問你自己，是否勇於承認對成功的期待？是否羨慕他人獲得的幸福生活？恐怕許多人不願意承認這點，而將之歸結為世界的不公平、機遇的不平等。在這種情況下，就更難以做到真正地敞開心扉，去促使、並見證成長了。

其實，勇敢和坦然地面對內心，雖然過程有些艱難、有些痛苦，但這樣的修行，能讓你見識到真正的自己，面對問題的本質。正如有人曾經請教登山專家：「如果在登山途中，突然遇到暴風雨，應該怎麼辦？」專家的回答是：「應該繼續向山頂攀登。」接著他又解釋：「向山頂攀登，雖然需要極大的努力，但風雨不會威脅你的生命；而向山下跑，雖然不用承受上山的艱辛，但很可能碰到暴發的山洪而失去生命。」同樣對於人生旅途中的問題，你也不應該逃避，只有敞開心胸、勇敢迎接，才有可能獲得想要的生活！

你要相信，阻礙你更加幸福的障礙，很多時候並不是具體

的東西，而是來自於你過往對自我的認知、對周圍人的觀察、了解。然而，過去達不到的成長，並不意味著今後也做不到，如果因為內心的封閉和約束，就輕易放棄，豈不是非常可笑？

更為嚴重的是，許多人因為長期封閉自我心靈，對外界環境總是存在排斥的心理，就像對陽光進行反射的玻璃帷幕那般，始終把溫暖拒之於心門之外。這樣，他們雖然看起來很「安全」，但其實是拒絕了屬於自己更美好的變化。

當然有些人會擔心既有的財富、名譽、地位等受到威脅，總是希望採取各種手法來壓制別人；還有些人對他人存在意見，不僅自己不與這些人來往，甚至也不樂見其他人與他來往……。凡此種種，都是人性中既有的弱點。而力與力的作用是相互的，在你關上了對世界的大門後，世界也會封鎖原本可以讓你變得更加幸福的道路。

想要獲得寬闊的胸懷，你應該向那些大度的人學習。在遇到問題時，先把心自問：「我是否願意對自己敞開內心？我那樣的做法是否對世界關上了交流溝通的大門？」隨著這樣潛移默化的自我訓練，你最終會擁有敞開心扉的能力，並因此了解更多自我的潛能。

一個音樂家，曾在我的課堂上分享她童年的經歷。從小她就對音樂有獨特的愛好和追求。但是在上國中前，她根本不敢在公開場合開口唱歌。那時候，她覺得自己長得很土，而且牙齒排列不整齊，只要一張嘴，就會被人看見。雖然並沒有人因

此而嘲笑她，但她總是覺得會有許多人在背後笑她。因此，她只敢偷偷地在臺下練習。

幸運的是，這個情況被她的班導發現，班導鼓勵她，不要害怕「走出」自己的內心，要放開心胸，不要擔心太多的束縛。「如果妳不願意走上臺，又怎麼知道自己行不行呢？」

在這樣的鼓勵下，小女孩終於擁有了足夠的勇氣，開始嘗試站上舞臺、展現自己。沒想到，她甜美的聲音，很快打動全校師生，後來她選擇音樂領域，作為自己的專業。

在成長過程中，還有過多少個類似的案例？正如同風箏是因為受繩子的牽絆才飛不上高空，如果你老是被心中的擔憂、恐懼、患得患失所羈絆，不敢敞開心門，那麼你內心的空間就會愈來愈灰暗，難以向外擴展、成長。

那些拒絕開放和成長的人，總是過於輕信自己做出的評價，用過往的失敗，來判斷未來的結果。殊不知，在人生過程中，每個人都有不同的體驗，一味地害怕、痛苦，或拿別人的優點與自己的缺點比較，久而久之，心靈就會被自己監禁起來。這樣，也就難以再走出來，難以看到窗外一片美好的風景。

學著用我所提供的方法進行自我訓練，擁有更開闊的心靈吧！

首先，要擁有良好的意願。你應該激發自我的積極意向，堅持發自內心所擁有的積極渴望，不是僅僅對美好事物表現出

興趣，如果你能將注意力集中在某個特定而具體的目標上，就很容易因此開啟心靈之門，做出正確的選擇。尊重自我和他人，並建立自尊，就能逐漸增加你獲得成功的機會。

其次，要接受不同的可能性。你不需要完全確定某一種結果，那樣反而會壓制你潛力的發揮。反之，你應該對未來保持適當的不確定性，從而讓自己能夠始終擁有探索的熱情。如此，你將會發現自己擁有意想不到的力量。

第三，經常了解自己內心的願望。當一個人看見自己內心的願望，了解自己最真實的欲望、最高的期待，他的內心才會對自己開啟，他的成長動力才會充沛。不妨將人生中最重要的目標寫在紙上，比如，你想要健康的身體、有意義的工作、幸福的家庭、健康的心理狀態和真實的友誼……並經常提醒自己，那麼，無論你處於怎樣的狀態中，你都能很快的對準內心指引的方向。

第四、敞開心胸。每天試圖用不同的眼光去看待自己，才能接納一切可能，並為自己設定應有的目標。敞開心胸是成長的基礎，主動反省自我，才能發現成長中的問題。然後，你才能勇敢地接受這些問題的考驗，並不斷改正，不斷進步。敞開心胸是走向更大世界的起點，主動認識他人，才能看到世界的廣闊和美好，才能更了解自己的期許和不足，然後，才會知道自己還需要哪些磨練，並主動提升自己的能力。

◇真誠，是世上最美的陽光

「為什麼經常有人不信任我？為什麼我難以得到所有人的歡迎？為什麼愈來愈難結交新朋友？」

相信這樣的問題，在你心中縈繞的次數並不少。而你對此給出的答案，很可能是「世界太現實了」、「人總是向利益看齊」……但你有沒有想過，如果你眼中的世界缺乏陽光，是因為你沒有為世界注入陽光；如果你覺得生活對你有所冷漠，那是因為生活沒有感受到你的熱情。

有一則寓言道：「有隻小豬請求神能夠收牠為門徒，神答應了。恰好，有一隻小牛犢從泥坑裡爬了出來，渾身又髒又臭，神要小豬去幫助小牛犢洗身子。小豬驚訝地說：『我可是神的門徒，怎能降低自己去侍候牠？』神說：『你不去侍候別人，別人又怎麼知道你是我的門徒？』」

的確，想獲得世界的善意、得到命運的眷顧，首先你要保持主動，而那就是真誠的態度。

人和人之間之所以能夠建立感情，是因為彼此間存在著心靈的交流。正如西方哲理的名言：「你想要別人怎麼對待你，你就要怎麼對待別人。」當你對別人付出真誠，別人才會以真誠相待，在這種互助的基礎上建立關係，才能得到持續、穩定且健康的發展。

　　再看那些在社會中獲得成功的人，他們雖各自具備很多不同的特點，但都有一個共同點，就是「為人真誠」。如果真誠，人們就會願意了解和信任他，於此同時，就容易獲得良好的人際關係，也讓自己心情舒適、充滿魅力。

　　心理學家曾做過一個試驗，他們列出 500 個描寫人類性格的形容詞，然後讓參與者指出他們最喜歡哪一類的性格。測試結果也很明顯，在獲得最高評價的八個形容詞中，有六個都與真誠相關，分別是「真誠」、「誠實」、「忠實」、「真實」、「可靠」和「信用」；而評價最低的分別是「虛偽」、「矯情」和「謊言」。

　　身處經濟發達、競爭激烈的社會中，愈是講究信用、誠懇可靠的人，愈容易受到人們的喜愛和尊重。反之，那些總是把自己的真實想法隱藏起來，迎合他人、虛偽、假裝的人，則會因此受人排斥、遠離。真誠的人格特質，能讓長相普通的人，變得更有吸引力，從而獲得更多成功的機遇，並點亮人生。這正是因為真誠關注別人，才會獲得別人的關注作為回報。如此，你和他人之間本來存在的障礙，就得以消弭了。

　　玫琳凱‧艾施（Mary Kay Ash）是美國的「化妝品女王」，她成功的事業與她真誠的做人態度，有緊密關係。在玫琳凱還未踏上創業道路時，某天她在海邊看到一位坐著的女孩，看起來神情憂鬱，臉上還掛著淚痕。於是玫琳凱走向前，真誠地問：「雖然妳心情糟糕，顯得憂鬱，但妳看起來很美麗。妳是不是有什麼痛苦的事情，可以跟我聊聊嗎？」

　　於是，女孩便卸下心防，對玫琳凱傾訴，說到動情之處，還頻頻流下眼淚。而玫琳凱給對方的眼神，始終是真誠、用心和支持的。就這樣，女孩感受到來自陌生人的關注和理解。最後她說：「自己的確是因為感情受挫，本想來海邊結束生命的」，但因為玫琳凱的真誠打動了她，她赫然發現活下去才是美好的。

　　因為這件事，玫琳凱發現，真誠的力量是難以想像的，甚至能把對生命已經絕望的人拉回來，那麼用真誠之光來照亮生活也並不困難。此後，她更加真誠地對待客戶和事業夥伴、對待下屬，對待她所接觸到的每一個人，也因此獲得成功的事業與幸福的人生。

　　如果你像玫琳凱那樣，選擇真誠對待生活，真誠面對自己和別人，就能坦蕩、輕鬆地活著。相反的，那些拒絕表達內心的人，經常需要靠偽裝而在各種關係中求生存，為此需要不斷地耍心機、用手段，賣弄小聰明……即使他們的偽裝暫時沒有被識破，他們也會因此感到「活得太累」。

　　如果你選擇虛偽矯飾，那就意味著，你從此沒有辦法像一般人那樣，敞開心扉自在地生活；假使有一天，你偽裝的面具被人識破，你為此付出的代價也會更加慘重。

　　所以，請不要誤以為虛偽就是成熟，也不要擔心真誠會讓你受到傷害。你將會發現，真誠能讓你消除與他人間的猜疑和戒備，在人與人之間搭起心靈的橋梁，以你的真誠換來他人的真誠。更重要的是，真誠能讓你獲得真正的快樂，那種因真誠

所帶來的力量、氣度、表情和情緒，是虛偽者無法獲得，也無法體會的。

　　當然，一個人想達到真誠的狀態，不可能一蹴可幾，而是要依靠不斷的點滴累積。你只需要記住：「真誠是沒有大小之分的，因為真誠意味著良心、善心和慈悲。」和別人交往也好，具體做事也好，都要表現你的真實想法，觀察和了解真實的情況，這樣一來，你的內心才會充實和平衡。

　　請從今天開始，注意以下這些生活中的小事情。

　　一、和朋友交流時，即使與對方意見、看法不同，也不要故意隱瞞和矯飾，更不應該隨聲附和或含沙射影。你可以真誠、善意地說出來，在不影響關係、不傷害感情的基礎上，這樣的態度會讓對方更喜歡你。

　　二、在需要讚美他人時，請千萬不要吝惜你的言辭，應該在恰當的時間與場合中，表達自己誠心的祝福。這樣的祝福不需要華麗的辭藻，而是要以真實、坦率為宜，就能更拉近雙方的距離。

　　三、在他人遇到困難時，請給予親切的安慰、實際的幫助。如此，日後當你遇到困難時，他人也會以同樣的態度回應你，而不是冷漠地擺出「與我無關」的舉止。

　　真誠地待人處事，才能表裡如一，你的言行將會和內心一致，你的行動和表現才會端正且高尚。日積月累，真誠會成為你的人格特質，並為你帶來更大的影響力，助你攀登人生的高峰！

Chapter3
無限潛能會釋放：發現‧自省‧相信

　　潛能，隱藏在你的身體中，隱藏在你的靈魂內。如果你不激發潛能，將永遠無法了解並發現未知的自我。唯有透過充分的觀察和自省，才會從潛能的釋放過程中，覺察到更多力量，讓自信支撐起人生成就的大廈。

◇我也有潛能嗎？

在課程中，學員們喜歡向我傾吐他們生活中一連串的糾結，其中為數最多的，就是無法獲致成功的苦惱。不少人說：「我雖然努力了，但好像就是缺乏獲得成功的能力。」也有人說：「我不知道怎麼努力才能達到成功⋯⋯」

面對他們的問題，我反問：「你們是不是真正激發自己的潛能了？你們是否知道自己究竟有多少潛能？」

我得到的答案經常是否定的，許多人甚至沒想過自己居然還有潛力可以開發。在他們看來，所謂「潛力」，是虛無縹緲的，只有運動員、科學家，或者處於高階專業領域的人士，才有開發潛力的需求，而一般人不過是工作、賺錢、養活自己與家人，努力生活下去罷了，哪裡需要開發什麼潛能呢！

正是這種狹隘的思維，讓你一再拒絕、並阻礙自己達到更好的階段，與自己的潛力失之交臂。在發現無法踰越的障礙出現時，才想要開始開發自我潛力，已經難以為繼、為時已晚了。

要知道，任何幸福都不可能輕而易舉得到，那些看起來能享受與眾不同的成功人士，在於他們開發出與眾不同的潛能。只有抱著積極心態開發自我潛能，能力才會愈來愈強。

說到這裡，或許你會懷疑自己究竟有沒有像那些成功者一樣的潛能。事實上，這樣的懷疑根本沒有必要。從觀察自然界就能明白，地球上有那麼多能量沒有被開發出來：比如太陽每

天朝升暮落，照耀大地，釋放無盡的光熱，但真正被人類利用的卻並不多；而海洋潮汐起伏，也同樣蘊藏著巨大能量，但是其中被開發出來使用的，也是極少的部分。與此相同的，還包括風能、地熱能等。

身為自然界的傑作 —— 人類個體，也同樣蘊含著巨大的潛能，且這種潛能，在每個人身上都有。根據科學家的研究，即使事業有成的人，他們自身的能力，最多也只開發了 10% 左右。所以，對每個人來說，自身所蘊藏的能力，都如同一座寶礦，有著驚人的儲藏量，但卻只開採了最表層。

在潛能開發的道路上，我們每個人沒有什麼不同，每個人的體內都蘊藏著巨大且豐碩的能量，這種能量如果能被成功喚醒，即便最卑微、最普通的個體，也能獲得催化、奮進的效果。而你所要做的，就是積極、果斷地喚醒那個沉睡的自己。

1993 年，在日本北海道，一個普通的家庭婦女 —— 小山美真子，正在自家樓下晒衣服。這時，她四歲的孩子不小心從八樓的窗戶跌落。小山美真子立刻飛奔過去，搶在孩子落地之前，接到了他！事後，這件事被新聞媒體播報，引起日本一家體育俱樂部的法籍教練布雷諾（Breno）的注意。從體育的專業角度來看，他覺得事情有點匪夷所思。經過計算，他發現小山美真子必須跑出每秒 9.65 公尺的速度，才能從 20 公尺外，跑到孩子跌落的地點，這個成績在當時的日本，幾乎沒有運動員能達到。

　　在記者的安排下，布雷諾見到了小山美真子本人，他嚇到了，他無法相信一個纖弱的女子，能跑出每秒 9.65 公尺的速度。但他看到眼前母子間那種母愛的天性後，他相信了──愛可以創造奇蹟，激發出人類潛能。

　　後來，布雷諾回到法國，建立了自己的田徑俱樂部。2002年，他訓練的運動員沃勒（Waller）在世界田徑錦標賽中獲得800 公尺賽跑冠軍。面對記者的提問，沃勒回答：「每個人的體內都有一萬臺發動機，而我開啟了第一萬臺。」

　　或許，奇蹟離我們生活很遠，甚至一輩子都難以創造出來。但事實上，創造奇蹟的前提在於你堅信自己能達到目標，在於你能夠激發自我潛能。如果你懷疑自己，奇蹟當然不可能發生。

　　有人將人生比喻為海上航行，絕大多數人在航海時，幻想著美好、繁榮的港灣，但卻沒有思考怎樣才能提高航行的動力，結果他們不是隨波逐流、漫無邊際地航行，就是觸碰礁石後，選擇沉沒海底。但那些意識到自己具有潛力的人，他們會根據目標的定位，找出最佳的航線，然後走進自我的內心世界，尋找可以提高能力的每個角落。當他們成功後，我們通常只會羨慕那些掌聲和歡呼，卻沒有注意到他們在成功的背後，是多麼清晰、準確，並按部就班地提升自己的能力。

　　當你能夠意識到自己身上重大的責任、艱難的任務時，就會真正感覺到開發潛力的必要性，並在開發的過程中，培養自

己其他優秀的品格，例如自信、果斷、勇敢、堅韌等。因此，主動接受重責大任和艱難任務，是你開發自身潛能的第一步。

其次，你要學會真正客觀地評估自己。經常和朋友溝通、交流，了解他們是如何看待你的；同時，也要給自己一點時間，不斷衡量和評估，看看自己已經發揮多少能量，還可以開發出多少。記住，不要對自己有所保留和顧忌，但也不應顯得保守和畏懼，站到自己的「外面」去評價自己，才能盡情讓「內在」潛力激發、成長、茁壯。

同時，在開發潛能的過程中，你還需要始終保持自律的態度，約束好自己，朝事先計劃的方向發展。曾有人問美國傑出的小提琴家斯特恩（Isaac Stern），他的才華究竟是不是天生的。斯特恩回答：「一個人的才華有可能是天生的，但成為音樂家卻是後天造就的。不管是否具有天資異稟，如果缺乏自律的精神，不嚴格進行自我鍛鍊，那麼潛能就永遠只是潛能而已。」

不用懷疑自己，因為你和其他每個人一樣，你的內心沉睡著巨人。而卓越的人才懂得怎樣喚醒這個巨人。換一個角度去看待未知的自我吧！相信從更深地了解自己開始，你會得到來自潛能開發的豐厚回饋！

◇阻擋我成功的，竟是我的觀念

在生活中，我們經常聽到這樣的牢騷──

「這麼難，還是不要做了！」

「哪有這麼折磨人的？不做了！」

「我做不到，還是另請高明吧！」

「我想真實地面對並解放我自己，但我做不到。」

「我想成功，我也一再努力，但我總覺得自己無法達到。」

其實，當你有上述這些想法時，你腦中的守舊觀念早已將成功拒之門外了。不是你無法成功，而是你根本不想成功！

說穿了，困難時時有，努力自然無。你還沒試過，怎麼知道自己沒這個本事呢？你只要拿出勇氣，挽起袖子，心理抱持著「一切困難都是紙老虎」的信念，人生的正能量才會一直支持你。

很多人總是特別固執，老是抱著固有的觀念，維持自己可憐的面子與自尊心。在我的課堂上，依然有許多人覺得自己擁有什麼了不起的地位，有什麼偉大的事業，所以對別人不屑一顧；但面對自己的困惑時，既緊張又焦慮，總覺得自己也就只能這樣了，既改變不了，也成功不了。一念之間就能決定人的成敗，而一念也會讓人裹足不前，一生停在原地踏步。

1867 年，虞洽卿出生在一個貧苦的裁縫之家，甚至連讀書

的機會都沒有。幸好他有一個同族，在私塾當塾師，願意免費收他為學生。虞洽卿從不認為自己出身低苦，將來就會一事無成。儘管他只能在下雨天無法出門工作時，才會去老先生那邊讀書，但他從來沒有放棄。在他事業有成後，童年時代的這段故事，就被人稱為讀「雨書」。

虞洽卿在村裡待到十五歲，覺得自己應該出去闖一闖、見見世面，便隻身到外地謀生。由於離家那天正下著雨，為了不弄溼鞋子，虞洽卿把母親精心縫製的一雙布鞋脫下，並揣在懷裡。他堅信，現在的寒酸真的算不了什麼。

之後他在一個顏料作坊當了十二年學徒，賺到足夠的成本後，他獨資開設了通惠銀號，並成立四明銀行。四明銀行剛成立，就遭到外商的排擠。虞洽卿並沒有因此認輸，他仍堅信自己未來會成功，現在的遭遇只是一個小小的磨難罷了。他充分利用有限的經費，度過一個又一個難關。

有些人在遇到困難時，會將困難想像、放大成一百倍。事實上，只要跨出第一步，你就會發現那些想像中的麻煩與困難，有時只是自己嚇自己。這就好比一個人躲在陰暗的房子裡，想像外面的陽光多麼刺眼、熾烈，從來不敢出去感受一下。

為什麼有人遇到困難時，總喜歡將自己層層包裹起來？為什麼有人從來不敢嘗試改變？為什麼有人總怕別人看穿他？因為他們在自己的觀念裡，將外界的困難放大了無數倍。他們從來不敢嘗試。

Chapter3
無限潛能會釋放：發現‧自省‧相信

有人問我：「如何從這樣的觀念中走出來，發現真我？」其實，最簡單、有效的辦法，就是開啟心中的門，只要往外邁開第一步，你會發現陽光沒有那麼熾烈，反而還會覺得很溫暖。

有的企業家或公司員工，一開始是抱持半信半疑的態度來上我的課。因為在他們的觀念中，充滿了「不可能」。工作時，當主管交給他一個任務，要他在有限時間內完成，他會滿臉驚訝地詢問主管：「這樣的事情我從來沒有做過，我也不知道怎麼做，你要我怎麼完成？」

同樣的，很多人會問：「你的課程真的能讓我重新認識自己，能讓我找到工作、學習、生活的正確方式嗎？」面對這樣的提問，我只能反問：「你真的準備好了嗎？你真的準備開啟心門，面對真實的自己嗎？」

改變觀念非常不容易，然而一旦改變了，卻非常有價值。當你第一次克服心中的畏懼，以後就容易多了。一個人思想、觀念的高度，決定他人生的高度，如果他在觀念中為自己畫地自限，那麼他將永遠無法突破這個界限。

當你認為自己太年輕、無法成功時，你就想想：古有八歲賦詩的王勃，堪稱「初唐四傑」之冠；又或者你覺得自己年紀太大、早已過了闖蕩事業的黃金時期，那麼你就想想：蘇洵二十七歲才開始讀書求學，五十二歲才擔任校書郎一職；齊白石五十六歲才聲名大噪；哈蘭‧桑德斯（Harland Sanders）

六十六歲才創業，頂著滿頭銀髮，讓肯德基（KFC）在全世界遍地開花。

當你不敢開啟心門，不敢與人溝通，不願放下身段時，想想你內心的痛苦，想想你活著的意義，你還會用這些迂腐的觀念去阻擋你的未來嗎？

◇每個人生來便是成功的，而我卻不知道

很多學員剛開始接觸我的課程時，都以為這只是簡單的「成功學」、「勵志學」。或許你也和他們一樣，以為這本書教會你的是：如何與眾不同、如何優秀和傑出！所以，你滿心期待能夠得到改變和進步，能夠超越自我……

但你為什麼不能換個角度來了解自我的修行呢？成功一定意味著與眾不同嗎？其實，成功只是做回你自己，但你不知道而已。

讓我來告訴你真相吧！每個人能夠來到這個世界上，因為他們都是佼佼者。而生活中的成功，只是一種對自我的堅持和延續。

或許這樣說，你依然難以接受，那麼和生命相關的一段文字，也許可以讓你看清真相。

在女性的一生中，大約排出 400 個卵子，而每個人的來源，只是其中的一個，這意味著必須要從 400 個卵子中激烈競爭後，只留下一個；另一方面，能夠讓卵子受精的那個精子，則是從將近 3 億個精子中選擇後，所留下的唯一勝利者！

試著想一想，數以億計精子中的那一個，能夠成功地和卵子相遇，需要克服多大的困難。這樣的機率，比全世界所有的樂透中獎機率都還低！然而，你卻做到了，你就是那 3 億個精子中脫穎而出的佼佼者，你還能說自己不是成功者嗎？

在你的成長歷程中，必然體驗過成功。只不過這些成功的經歷，在你有限的記憶裡慢慢消失，讓你忘記了自己，其實也曾有過優秀的一面。

你是不是還記得曾經在考試時，得過全班第一名？又或者你在學校運動會上，戰勝了對手？你是不是還記得曾經幫助他人解決電腦的問題？又或者你在旅行中，找到一條風景截然不同的路線？你是不是曾經有過和他人合作，贏得一場遊戲的酣暢淋漓？又或者因為學會煮一道名菜而感到信心十足？那時候的你，一定覺得自己很了不起、很成功吧！也許那時候你所獲得的成功，在今天看來是那麼微不足道，但對當時的你來說，那就是成功，讓你覺得自己很棒！

經常回顧生命中那些曾經的成功經歷吧！不妨試著閉上眼睛、認真思考，然後寫下那些難忘的成功經歷，包括你當時的感覺和體驗，以及別人的表現和態度。當你寫完這些時，你將

會重溫當時的情境，並找到那種快樂、興奮與喜悅，你將會發現自己原來也曾有過這麼充足的力量，有如此優秀的一面。

當你有這樣的體驗後，你就會認同戴爾・卡內基（Dale Carnegie）的一席話：「當一個人走入人群，唯有他清楚地表現自己獨特的一面，才有機會邁向成功。」而你之所以愈來愈覺得缺少成就感，最關鍵的是，你與曾經成功的自己愈來愈遠。

歐文・柏林（Irving Berlin）是一位美國著名的音樂家，而尚未成名的作曲家喬治・蓋希文（George Gershwin），在自己落魄時就認識柏林。當時的蓋希文還在為每個月能賺 35 美元而忙碌工作。雖然柏林對他很欣賞，一度想聘請他當音樂助理，但最後沒有提出邀請，因為柏林對蓋希文說：「你最好還是別為我工作，因為一旦你接受了，你就會成為二流的我；相反的，如果你堅持做最成功的你，總有一天你會成為一流的蓋希文。」

蓋希文聽從了這個忠告。後來，他寫出膾炙人口的〈藍色狂想曲〉（Rhapsody in Blue），成為著名的作曲家。

由此可見，每個人雖然都是成功者，但許多人沒有保留自己應有的特點，結果離自己原本的優勢也愈來愈遠。

記住，所謂應有的特點，是指你身上原有的那些潛能。

人，是天生成功的。當你面對困境時，要保持自己原有的稟賦和特質，不要讓它們被現實磨蝕而消亡。當你能夠保持天生的特質，並投入正確的專業領域後，就可以穩定地邁向成功。

　　請一定要學會從以下幾個方向，完善你成功者的形象。

　　一、你不應該自感平庸。要知道，芸芸眾生之中，不可能全都是翻江倒海的蒼龍，也不可能都是稱霸森林的雄獅。相反的，許多人都平凡得像大海中的水滴、森林中的樹，但他們並不因此感到自卑或平庸。反之，他們會努力善用自己的特點，活出與眾不同的精彩。他們堅持自我，不去拙劣地模仿別人，而是將自己視為成功者，並期待獲得更大的成功。

　　二、你應該善於看待事物正向、積極的一面。如果消極地看待事物，就很容易產生挫敗感，進而造成自我封閉和壓抑，導致心理上的失衡。真正的強者，會有意識地讓自己擁有「成就感」，這樣就能形成良性循環的機制，去壓抑自卑情緒。這就是禪理中「人人都可以成佛」的道理。在你做了一件令人滿意的事情後，你應該充滿自信，並更加努力、更加堅定地迎接之後的勝利。

　　三、你還應該不斷嘗試、挑戰你擅長之事的更高難度。無論你擅長什麼，只要是生活或工作中任何有價值的事，都值得你深入鑽研。細心回憶一下，你這一生中，究竟錯過哪些事情。或許你喜愛電腦，但你只是滿足於玩遊戲；或許你在駕駛上有天賦，但你只滿足於上下班以開車代步；或許你字寫得很好看，但你從來沒想過參加書法培訓班……無形中，你錯過讓自己更加優秀的機會，而這樣的機會是那麼難得！

◇善於歸零，人生才有無限可能

相信大家常有這樣的困惑：「明明科技日益發達、物質豐富不虞匱乏，我們比以前享受得更多、創造得更多，但為什麼卻覺得生活愈來愈累呢？」

的確，從表象看來，我們覺得競爭愈來愈激烈，而自己生活的空間卻不斷被壓縮。這很容易讓你產生一種錯覺 —— 愈是豐富的人生，背上的負擔愈沉重，獲得快樂未來的可能性則愈來愈小。反之，倒是有許多人，偶爾會羨慕那些經濟能力差、生活條件普通、工作簡單的人，覺得他們才有真正的開心和快樂。

在課程中，我告訴學員們，不需要為自己目前的狀態感到擔憂。你們之所以覺得壓力大，是因為你們把自己裝得太滿了！

如同水杯一樣，每個杯子的空間都是固定不變的，如果你的杯子裝得太滿，即使有再美味的飲料，也無法進入你生命的分毫。這個道理雖然淺顯，但卻是許多人都沒有注意到的。人們僅僅記得「人往高處爬、水往低處流」的理論，總是一味希望把自己裝滿、再裝滿。但在裝滿的同時，情緒也會變得越發浮躁。在這種情況下，他們需要暫時停下來，把自己重新定位。也許你需要先將杯子中的水倒出去一點，這樣就會看到不同的風景，找到更多的可能。

一名擁有碩士學位的女性，到某公司應徵時，只拿出高中學歷證書，被聘為這家公司的職員。在這個職位上，她表現得相當出色，不僅在平時的工作中，展現出良好的能力，還能向主管提出一些很有見地的意見。隨著部門經理的重視，她拿出自己的大學學歷證書，於是她被提拔為經理的助理。

在成為助理之後，她繼續努力工作，業績更加出色。她的良好素養和能力，引起公司董事會的關注。不久之後，公司部門經理的職位有空缺，董事會對她進行考察，發現她實際上擁有碩士學歷，於是她輕而易舉地擊敗其他競爭者，成為部門經理。

雖然這位女碩士的故事並非在任何情況下都具有可能性，但其中蘊含的意義，很值得我們思考。許多人不斷被自己的成就裝滿，但在追求目標時，這種裝滿的狀態，很容易變成負擔，成為阻礙其前進的路障。相反的，只有積極「歸零」，主動回到最初的狀態，才能更加心無旁騖地朝目標奮鬥。

當心態歸零後，就像杯子回到最空的狀態，這一點在你獲得成功之後，尤其難得。一個僅僅滿足現有「裝滿」狀態的人，很容易會被外來的壓力打擊。他們需要讓自己的內心保持足夠的謙虛和好奇，才能追求更多有益的事、融入自己的杯子中。正確地「歸零」，不是簡單地忘記，而是讓自己保持對新鮮事物的渴求，渴求那些自己沒有經歷過、沒有了解過的新東西。這樣在你的生命杯子裡，才會融入更多新元素與能量，這些能量將會遠遠比你曾經以為的「裝滿」更有力量。

在你的人生規劃中，當你志得意滿時；當你自以為站在巔峰時；當你不知道該追求什麼時……就忘掉過往的成功和成就，以一種「歸零」的狀態去看看未來吧！在未來，成功永遠沒有終點，而和未來的成功相比，今天的空杯狀態，才能讓你的思維更加清晰、心智越發成熟。

所以，從今天開始，你要不斷「歸零」。

首先，態度歸零，意味著不要再和過去計較，也不要再和今天計較。這種不再計較的態度，不是要你去逃避，而是要從表面上跳脫出來。當你不再計較那些最瑣碎的事情，就能夠不受過去的干擾，也不必為過去的得失、輸贏而煩惱。你就可以集中注意力，專注於未來的發展，透過「只求耕耘，不問結果」的態度，到達新的成功彼岸。

其次，目標歸零，還需要你的頭腦始終保持清醒，不斷地設定新的發展目標。每當你實現一個目標之後，馬上就將這個目標視為新的起點，這樣你就會永遠面對新的追求，攀登新的高峰。如果真正理解這一點，你就不會覺得生活枯燥無聊。相反的，擺在你面前的，是不斷挑戰的樂趣！

第三，錯誤歸零，同時意味著要主動和錯誤說再見。不要總認為自己必然和某些缺點連在一起。相反的，當你自我反省時，要學習丟棄那些已經不利於你發展的特點，從中發覺自己的不足，對自我進行反思和分析，將過去的錯誤轉化為能力與經驗，如此，自我就會變得更為強大。

最後，心態的歸零，是你為自己生命鬆綁的開始。只有卸下過去的負擔，你才能真正快樂地面對生活和工作，勇敢地走上新的旅程。忘記過去吧！唯有當你留一個空杯給明天，明天才會有更多的期待、更多的收穫。

◇放棄自以為是的過去，讓潛能釋放

是放棄好，還是擁有好？

在今天，可能愈來愈多人會選擇後者。擁有財富、擁有名譽、擁有朋友、擁有事業，擁有愈多，才愈有安全感。但真相確實如此嗎？

佛理云：「萬物皆空。」這裡的空，不是空虛、無趣、沒有意義，而是指在心中，所有的成就、輝煌，都不應該占據過多的位置。在人生的道路上，你擁有過很多東西，也面對過種種利益的誘惑，卻從沒有想過主動放棄。

不得不承認，在生命的長河中，你在過去實現的夢想愈多，就愈會感到未來難以設計和規劃；而你對未來追求得愈多，也就愈覺得今天的空間太過窄小。因此，你應該學會如何放棄，因為放棄意味著新的開始，而新的開始則意味著對過去的改變、對潛能的釋放。正因放棄能讓人淡然、冷靜，能讓人

豁達、開朗，如果你能放棄過去的那些榮譽、利益，又怎麼會沒有勇氣逼自己拚搏一把，釋放更大的能量？更何況，許多人對過去之所以戀戀不捨，是因為他們的過去有太多值得驕傲的東西。

泰國有位企業家，他在股票和房地產市場上有著輝煌的過去，接著他又繼續貸款，投資曼谷城外的別墅區。但天不從人願，別墅剛剛蓋好完工，卻遇上亞洲金融風暴，結果他不僅沒有賣出一間，甚至連貸款也無法償還。這位企業家只能看著別墅被銀行沒收、拍賣，甚至連自己原本的住宅也被迫拿去抵押、還債了。企業家情緒低落、失去鬥志，他陷入過去的成功與今天失敗的強烈落差中，怎麼也接受不了一夕之間這麼巨大的變化。

此時在企業家眼中，不僅不願意看到今天的失敗，更無法忘記之前那些讓他自鳴得意的輝煌業績、叱吒風雲的曾經。直到有一天，他坐在飯桌前，忽然想起太太從前做的美味三明治，又想到當初一無所有時，是如何在太太的鼓勵下，才不斷地奮鬥……於是，他決定將過去成功的冠冕摘下，然後一切歸零，從頭開始。

就這樣，這名企業家開始每天帶著太太親手做的三明治，沿街叫賣。慢慢地，「昔日億萬富翁、今天沿街叫賣三明治」的故事，逐漸傳揚開來，許多人慕名而來，三明治的生意愈做愈大。這位名叫施利華的企業家，獲得國人的尊重，並被評選為「泰國十大傑出企業家」之首。

　　他的勵志故事提醒我們，昔日的成功，除了留下其中寶貴的經驗外，並沒有太多值得留戀的東西。那些成功的光環固然美麗、燦爛，但無論多麼美麗，就像落日夕陽那樣，終將過去，且並不代表未來。太過沉溺於這樣曾經的美麗中，會讓你遺失邁向未來進取的雄心壯志。

　　人之所以容易懷念過去的成功，是因為他們會在記憶中，為過去的成功添加美好的色彩，使其更加完美。

　　這種讓過去變得更加完美的想法，來源於一種心理錯覺。愈是陷入這種錯覺，就愈覺得自己在過去所獲得的成就，在未來將難以達到。

　　相反的，如果你從過去的驕傲中走出，轉而明白，只有今天才是真實的，一切都以今天為出發點，其實你不難發現，情況將會逐漸好轉。這就要求你不論如何，都要將今天視為座標軸的原點（起始點），將昨天的種種，當成今天的基礎和經驗，將明天當成今天的未來和收穫。

　　事實上，當你再次重溫讓你感覺美好的過去時，不妨主動「遺忘」這份上天曾賜給我們的美好禮物。常理來說，人們總是喜歡記憶，但殊不知，對獲得幸福而言，「遺忘」也是同等重要。

　　你不但要學會遺忘那些打擊你、讓你痛苦的經歷，同時還需要從記憶中徹底抹除因為成就和輝煌所帶來的驕傲與優越感。只有將這兩種經歷都當成體驗，永遠地封存起來，才能確

保它們不會動輒干擾你現在的努力。事實上，成功並不難以忘記，因為過去的成功，只是一個過程、一個階段而已，並不能視為人生的終點。

因此，當你總喜歡「想當年……」時，應該記住香港著名作家梁鳳儀曾說過：「試試忘記自己的銀行存款，必然會嚇一大跳，然後努力工作，厲行節儉。反之，老是提醒自己有盈餘，才會放肆地大買精品、名牌包，不是嗎？」

的確，你有必要不斷地清理過去成功所帶給你的負擔，學著看淡過去；在你志得意滿的時候，忘記成功的一切，為自己重新設立一個起點，開始另一個新的階段。多看看那些比我們更加優秀的人，你自然就會更加努力、更加付出。

我在課程中教導學員們用「忘記成功」的方法，去應對新的挑戰。這些年來，不斷有學員透過自我訓練，獲得嶄新且輝煌的成功。如果你打算擁有人生的新起點，那麼也有必要採取類似的訓練方法。

首先，給自己一個冷靜的空間。一旦你在過去獲得了某些成就，那麼你的生活、交際圈必會自然傳播這樣的成就，且會不斷有人向你提及。無論對方的動機是什麼，這樣一再的反覆談論，很容易讓你自我膨脹。因此，你需要每週給自己一定的獨處時間，去反思以前的成就究竟帶來多大的收益，還有哪些值得提升的地方。

想要做到這一點並不容易。今天，許多有所成就的人，都

在業餘時間忙於應酬，每天置身於燈紅酒綠、送往迎來之間，如果你出現上述情況，就是你該進入冷靜空間的時候了。

其次，你還需要多接觸那些比自己更出色的人。不要總是和那些稱讚你、欽佩你、羨慕你的人交流，雖然跟他們相處，會讓你感覺受到重視，但你更要提醒自己，學著進入新圈子，去找那些並不重視、並不在意你的人做朋友，只要經過最初的尷尬期，你會發現在他們身上，能感受到更多刺激你發揮潛力的力量。

在我們一生中，隨時隨地都會有新的機會出現。請記住，不要輕意放過這樣的機會。請鄙視自己的虛榮，放下曾經的不凡，去創造新的篇章，如此，機會才能被你牢牢掌握，打造出更加不凡的自己！

◇放大內心的渴望，相信自我

在課程中，我喜歡觀察學員們面對同一個問題的不同回答，而其中最多的不同，就是他們面對成功時的說法。那些自信的人，總是喜歡說「我要獲得……」、「我必須得到……」；而那些缺乏自信的人，說的則是「我想要……」、「我打算……」。

或許你會反對我的看法，你認為這只是個人的表達習慣不

同而已，沒什麼大不了的。但癥結是，一個總是告訴自己「我必須」的人，他的內心渴望就會不斷地被放大，即使最微弱的放大，經過不斷堆疊、累積後，也能達到驚人的程度；相反的，一個總是告訴自己「我想要」的人，他的內心渴望不斷被縮小，他們總是會感到那是不切實際的奢望，必然會被懷疑的……

那麼，你會選擇當哪種人？成為「我必須」的人，還是「我想要」的人？

即使不去觀察兩種人具體的生活成就，單單只看表面，你都不難發現，前者身上所發出的熱情和熱忱，是充滿吸引力的。美國作家愛默生（Emerson）曾經說過：「人類有史以來，沒有任何一項偉大的事業不是因為熱情而成功的。」你我的人生道路也一樣，想獲得幸福，必須全身心地投入進去，而這種投入所依靠的，是發自內心的渴望和衝動。

假設你才華橫溢，那麼也只有在不斷放大渴望和衝動的情況下，你才會使用這樣的才華。如果你只是一般普通人，沒有超越他人的能力和才智，那麼你就更需要保持這份難得的渴望，因為唯有這樣，你才能擁有更多的無限可能。

在我看來，能不斷主動放大內心渴望的人是幸福的，他始終能堅持自己的方向，能重視自己的發展。無論他從事怎樣的工作，或結交怎樣的朋友，又或者是處理生活事務，都會毫不動搖、堅定地確認自己的力量，並相信自己正在為美好的願景

而努力。他們自始至終都會用積極而理性的態度去對待，並用堅定的決心、必勝的勇氣去面對可能發生的苦難！

當你下次再打算說「我想要」時，不妨看看身邊那些精力充沛、才情卓越的人士；多問問自己，你是不是曾經偷偷羨慕過他們，羨慕他們無論在順境還是逆境中，都棄而不捨地持續工作、學習、思考、社交，一切都表現得那麼積極向上。再問問自己，他們是怎麼做到的，難道不是堅持「我必須」的態度嗎？

相較於他們，再看看那些未老先衰、自甘平庸的人，他們並非缺乏能力，正因為太多的「我想要」，壓制、澆熄了他們心中曾經的熱情，使他們只能處於麻木不仁、渾渾噩噩的狀態中，或者怨天尤人、或者得過且過。在這些人身上，你就只能看到惰性接管一切。

請記住，最好的生活，就是你內心最想要的生活。只有擁有自信，你才能用熱情換來自己的幸福。當現在的工作或生活無法讓你實現內心的渴望時，你就應該放下原有的恐懼，培養、訓練、樹立起強大的自信，開始新的旅程、新的人生篇章。你所要做的，不應該是犧牲自我的想法去滿足、迎合別人。相反的，你應該學習對自己負責，帶給自己更好的選擇。

如果你不知道接下來該怎麼辦，就請你在夜深人靜時誠實地面對自己的內心：「我是誰？我現在在哪裡？我接下來應該做什麼？」你應該一遍遍地問自己。當你終於認清自己的內

心，並了解自己所擅長的領域後，你將體會到一種清醒之後的喜悅，因為現在，你開始感受到內心真正的渴望，並在這樣的鼓動力量下，盡情探索和尋求自己的夢想！你將重新開始自我塑造，無論過去曾經發生什麼，你都會對自己面前的標竿加以定位，你將展現出超越過往的力量。

　　如果你還是迷茫的，那就請你繼續詢問以下的問題：「我創造哪些價值時，是最快樂的？什麼樣的回饋最能打動我、帶給我動力？什麼樣的事情，能夠讓我感到生命的完整？如果我擁有更多的金錢和時間，我還願意做些什麼？」

　　這些問題會從不同角度，幫助你了解到「心中的心」。不需懷疑！那就是你的內心渴望。當你確定並不斷放大內心的渴望後，它就會將你轉變為能量的中心，轉變成氣場的源頭，你所期待的東西，也會不斷地被你吸引過來。

　　學著去了解渴望、尊重渴望吧！那些渴望發自於你內心的衝動，合理地管理好它們，並聽從它們的指引，那麼你的生活將不再黯然無光。相反的，它一定會變成煙火絢爛的夜空；變成春風拂面的旅行；變成冬日裡最溫煦的陽光；變成海面上輕輕波動的浪花。相信你的人生將會因為擁有這種充滿自信的生活而徹底改變。

Chapter4

正視自己不逃避：當下‧接納‧釋放

　　勇於面對自己本質的人，才是真正的勇者。你不需要擔憂未來，也不需要懷念過去。正視當下的自我，接納目前的幸福，靈魂中的重擔就會得到全然釋放。不要像弱者那樣逃避生活的選擇，要不斷讓自己給出更多答案，道路必然愈來愈清晰、自然地出現在你面前。

◇活在當下，活在今天

你是否珍惜自己所擁有的幸福？你有沒有覺得渴望幸福的那種感覺，就像在沙漠中行走的旅人，有時需要一杯清涼的泉水解渴？當你環顧四周，缺少幸福的那種痛苦，會不會像慢性疾病那樣，常常撕咬你的靈魂？你因為缺少幸福感而茫然，更因為時刻想要爭取幸福，而在生活中不停地掙扎、糾結著。你天真的以為，這樣的掙扎、糾結，是獲得幸福的必經過程，其實你錯了，你缺少的不是幸福，而是發現和珍惜幸福的眼睛！

你害怕缺少金錢所造成的不安全感，於是沒日沒夜地拚命工作賺錢，結果卻失去了親情、愛情和友情；你擔心自己缺乏社會地位，於是在職場上汲汲營營地經營人脈，結果失去了自我的原則、個性和位置。你以為未來的那些成就，可以彌補今天所付出的代價，但這樣的期待一旦破滅，又有誰會為你的當下買單呢？

對你來說，幸福其實就是握在你手中的那把小沙子。你總是擔心未來會失去它們，於是拚命、用力地握緊它們，結果你愈是用力，手中的沙子就會逐漸流失而減少。你有沒有嘗試稍微放鬆一些呢？攤開掌心，你會赫然發現，原來幸福一直就在你手中。

從現在起，不要留戀過去，也不要為無法預期的將來而擔心，但求現在的努力和精彩，認真過好當下每一天，學習珍惜眼前一切的人、事、物，幸福的滋味自然而然會到來。

佛家書籍曾有一段公案。

有人問禪師：「師父，您參禪悟道，有什麼祕訣嗎？」

禪師回答：「有。我不過是餓時吃飯、睏時睡覺、參禪時參禪罷了。」

「這算什麼祕訣？不是每個人都如此嗎？」

禪師笑著說：「哪裡都是如此呢？一般人吃飯時，也想著其他事情；睡覺時，也會因為白天的想法而做夢，結果睡不安穩。這樣的人活著都很煩惱了，哪能參禪？」

看到對方若有所思，禪師繼續開示：「世人最難做到的，就是一心一用。他們不懂得專注於當下，所以就有了種種的思量和妄想。這就是他們得道參禪最大的障礙啊！」

的確，「活在當下」需要你將注意力放在眼前的事物上。心理學相關研究證明，每個人的注意力都是有限的，不可能既關注過去，又側重未來，同時還能留意現在。如果你可以適當地忘記過去，也不為將來擔憂，你就能把注意力全部聚焦於「現在」的時刻，如此，你當下的工作和生活，就會因此獲得充沛的正能量。

人生在世，沒有人可以回到過去，也沒有人可以穿越現在、直達未來。因此，不要讓過去的痛苦和未來的憂慮，奪走你今天的快樂。活在當下，充分掌握你現在所做的事情，好好對待一起工作和生活的人，全身心地接納和體驗。這樣，你才能更加坦然、淡定。

活在當下，意味著從眼前的那些小事情開始做起，不要好高騖遠，也不要盲目地悲觀或樂觀。學會從最細微的小地方加以改變，而不要坐等計畫或夢想自己實現。

林清玄是著名的作家。有一次，記者採訪他時，突然問道：「林先生有沒有什麼座右銘呢？」

林清玄拿起桌上的便條紙給記者看。記者翻了翻字條，無非是「出門記得買苜蓿芽」、「今天要寫講義、整理稿件」、「記得去銀行還貸款」、「幫孩子買毛筆」……看完後，記者笑著說：「您真愛開玩笑，我是指那種激勵自己一生的座右銘。」

林清玄認真地想了想，說：「如果必須找到這樣的座右銘，我覺得『開心努力地活在當下』就是我最好的座右銘。」

你能和林清玄一樣嗎？恐怕很多時候你沒辦法這樣豁達吧！或者你還在痴痴地糾纏過去，或者正苦苦地期盼未來，自我形象被分解成若干時空，卻沒有真正精彩的自我。你以為這是你失敗的表現，以為你的過去和未來都沒有什麼成就，殊不知只關注過去和未來，而不留意今天的小事，才是導致你感覺失敗的真正原因！

學會像林清玄那樣，從生活中的點滴小事做起吧！哪怕做好像是影印、打字和整理家務等這些細小工作，哪怕做好像是打掃、煮菜、洗碗、晒衣這類家庭瑣事，享受今天的每一刻，你才有可能在不斷的磨礪中，成為更好的自己。

活在當下，同時還意味著，不要因為眼前的痛苦和困境，

而萌生太多無謂的煩惱。你應該將這些痛苦與困境,當成生活的一部分,學習坦然接受。生活怎麼可能只有歡樂而沒有痛苦?換言之,不經歷困境,你就無法體會因打敗困境而更加感到的愉悅和驕傲。

日後,當那些艱難、困苦再次出現時,請你試著挺起胸膛,勇敢面對它們帶給你的衝擊。當你不再懼怕那些失望的眼淚,不再懊惱那些挫折的打擊,你內心對當下的不滿和空虛感,就會蕩然無存,轉念為感激生活在今天所賜予你的一切。

活在當下吧!畢竟,昨天已經是歷史,明天依然未知,唯有當下才是你能準確掌握的一切;把握當下吧!將當下視為命運賜予你的最好禮物,視為唯一的存在,如此,你才能從對當下的理解和掌握中,得到美滿和安然。

◇ 今天的精彩無可取代

人生好像愈是長大成熟,我們的煩惱也隨之愈來愈多,相對的,我們所忽略的東西也隨之增多。我們總是抱怨收入太低,卻沒有重視家庭的和睦、家人的健康;我們總是抱怨伴侶的諸多缺點,卻忘記當初選擇與他(她)攜手相伴終生的初衷;我們總是抱怨自己沒有發展前途,卻沒看到自己是父母的

依靠，也是他們的驕傲……

人們為什麼會如此不懂得知足呢？那是因為你沒有真正看到今天的精彩。西班牙知名畫家畢卡索曾說：「人生應該有兩個目標，第一是得到想要的東西，並為此盡力爭取；第二是享受人生，享受生命的每一刻。一般人總是朝著第一個目標不斷邁進，卻從來不去爭取第二個目標。」

懂得享受的人，並不會完全活在財富和地位中，也並不完全在意他人眼中對成功和失敗的定義。你也應該學習如此計算人生的得失 —— 多盤點自己在今天獲得的東西，看到今天的美麗，這才是人生最終極的智慧。

在我接觸的學員當中，有許多人的煩惱在於他們始終追求更多，並不注意自己今天擁有的。這就會令你內心難以得到滿足，忽視已經擁有的東西，而不斷向外追求新的願望。然而，一旦當你達到原先的目標，又會產生新的願望，如此矛盾反覆出現。當你為此而糾結時，就會深陷其中，難以快樂。

你難道沒有感受過今天的精彩嗎？回想一下，你是否曾經在春天的田野，嗅到迎面而來的陣陣花香？你是否曾在水天一色的江河邊，看到成群的沙鷗於夕陽下飛翔？那樣的感覺是否曾讓你心動，覺得此時此刻沒有虛度？那麼，到底是從什麼時候開始，你失去了這樣心動的感覺？

必須承認，許多人正是在不斷尋找的過程中，忽略或放棄了精彩的當下。你始終不斷地向外探索，在不停的尋找之間，

你的人生之路也不斷延長，然而你卻只是更看向終點！你把人生當成一場競賽，而忘記人生同時也可以是一場旅行，更忘記你也有體驗旅行所帶來的快樂機會！

談到今天的精彩，你不能不知道一個屬於新時代的名詞——小確幸。

「小確幸」這個詞，據說來自村上春樹的散文集《蘭格漢斯島的午後》，其中一篇文章提到他自己選購了內衣，然後把它們洗得乾乾淨淨，再像做壽司那樣捲起來，整齊地放進抽屜裡，這樣，他內心就感受到雖然微小但卻踏實的幸福。此外，他還在另一篇文章中也提到「小確幸」，原因是自己有蒐集唱片的興趣，但曾經因為考量價格，而錯失一張經典唱片，但三年後，竟然在不同的地方，且以低價購買到了，這讓他感受到生活中的快樂和幸福，是如此的平凡、簡單。

村上春樹感慨的是，如果看不到「小確幸」，那麼人生也就是乾巴巴的沙漠罷了。

你需要做的，也正是把握今天的每一個「小確幸」，去發現這些幸福背後的精彩。但遺憾的是，許多人已經沒有時間去欣賞生命中，這些屬於今天的每個精彩。他們花費畢生時間和精力去追求宏大的目標，全力奔赴目的地，但等他們到達目的地時，卻發現人生中許多最美好的東西，已經因為自己的匆忙而錯過了。

有一對夫妻終日忙著事業，即使他們已經擁有許多財富，

還是不停地賺錢，因為他們深信金錢愈多，幸福就會愈多。後來，他們在海邊買了一幢度假別墅，還聘僱管家為他們打理家務，但他們夫妻倆卻成天出差，從這個城市飛到另一個城市，根本沒有時間到別墅度假。諷刺的是，那個受僱的管家，儼然成為這幢別墅的「主人」，她每天早上為自己做早餐，操持好家務，就去陽臺上晒晒太陽、享受風景；傍晚用過餐後，又帶著小狗去沙灘上看日落、吹海風。而別墅真正的主人，此時卻忙於談判桌上的脣槍舌劍、精心計算……

或許你買不起一幢海景別墅，但不妨想像一下，你不斷錯過每個今天之後，會怎麼樣吧？你會突然發現，學生時代為了考試能再多得幾分，你沒有在心愛的籃球場上，多體驗幾場團隊作戰的熱血；進入社會工作以後，為了獲得主管的青睞和賞識，你留給家人的，只是一則則「今晚不回家吃飯」的簡訊……請你仔細算算這種人生帳目吧！你將會發現，其實你只是圍繞著同一條路徑，不斷循環又反覆地原地打轉，生活對你來說，就像一臺打磨機，不斷磨掉你每個人生精彩的階段，然後轉來了你一個又一個的「目標」。

其實，你有必要活得這麼累嗎？你有必要這麼嫌棄自己的今天嗎？為什麼不多給自己一點寬容，釋放一下壓力，來欣賞眼前的精彩？人生苦短，奮鬥是必須的，但千萬不要因為工作忙碌，而讓自己的心靈變得浮躁和麻木；千萬不要因為生活節奏的加快，而壓縮了自己的空間；更不應該為了盲目羨慕別人

在你眼中的精彩，就放棄適合自己的樂趣。那麼，你丟棄的將不僅僅是今天，更是無數個未來的日子。

◇人無完人，接納自己的不美麗

有位哲人曾經說過：「每個人都隨身攜帶著一面變形鏡，只要一睜開眼，便會看見自己個子太矮或太高，身材太胖或太瘦，包括平常自認為逍遙自在、無瘡無疤的人也不例外。一旦你將這面鏡子砸碎，自我的完整、生命的喜悅，便都會成為可能。」

想要擁有幸福快樂的人生，首先就需要丟掉這面變形鏡。只有全然接受自己、並相信自己是最好的，你才會是最好的，不要苛求自己改掉所有缺點，接納它們，你內心的正能量所能給予你的，將會是無所畏懼的勇氣與膽識。

有陽光照射的地方就有陰影，現實生活也並不盡如我們想像的那般完美，也有黑暗、不公的一面。對此，我們完全沒有必要消極沉淪，而應該用積極的態度去面對它，這樣我們才能獲得期望的生活。

曾經有位漁夫，在機緣巧合之下，獲得一顆豐潤美麗的珍珠。他在把玩時，發現這個珍珠上，有一個非常細小的黑點。

他覺得甚是遺憾，如果這顆珍珠沒有這個小黑點，那將完美無瑕。

於是他決定改善這個遺憾，小心翼翼的用小刀將黑點磨掉。但當他磨掉表層時，黑點依舊存在。他見去不掉黑點，於是又再用力刮了一層，可是小黑點依然沒有消失。漁夫見狀，終於生氣了，開始用刀一層一層地刮，當這黑點最終消失時，整個珍珠也變成珍珠粉了。漁夫見到這個結果，非常後悔，如此美麗的一顆珍珠，就這樣毀於一旦、消失了。日後漁夫每每想起這顆珍珠，就會說：「如果當初我可以接納那個小黑點、小瑕疵，現在我就依然擁有一顆美麗的珍珠，那該有多好啊！」

到我課堂上的許多人，就像故事中的漁夫一樣。在擁有美好事物後，卻還是糾結美中不足的部分。他們愈是這樣，就愈容易忽視自己所擁有的美好。

「金無足赤，人無完人」。如果我們總是糾結自己的缺點，而不是揚長避短，努力改進自身的不足，就很容易在現實生活中喪失信心，讓自卑、不滿、嫉妒等負面情緒充斥內心。人無完人，每個人都有自己的優點和缺點，不要因為缺點的存在而忽視優點。缺點只是優點的陪襯，優點才是成功的必要條件。

即使是英國文學史上最著名的戲劇家莎士比亞，他創作很多經典作品、流芳百世，但在這些巨作中，也常常出現歷史、地理知識方面的小失誤。又如，有些企業家非常有生意頭

腦，經商能力也很強，但也會有一些小問題。我們不能因為他們的這些小缺點，就徹底否定、推翻他們所有的能力。儘管這些問題在我們看來是有點遺憾，但卻絲毫沒有影響他們獲得的成功。

有時候我們常常會討論世間是否存在完美的男人或女人。曾經有一個漂亮的女孩，說自己心中的完美男人，是一位美國著名的電影明星。但在聽完她的講述後，一個朋友便反駁說：「他哪有那麼完美，他其實有點駝背！」

但這個漂亮女孩卻辯駁：「是啊！但這也是因為他的身材太高所導致。有一些小缺點是很正常的，證明他和我們一樣，也是一般普通人，並不是一個完美的想像之物。」

所以說，我們在接受一件事物、接納自己時，既要接受好的一面，也要認清事實，接納缺點。就是這個缺點，才使萬物更顯真實。人們常常希望自己完美無瑕，同時希望世間沒有煩惱，認為這樣才是幸福的生活。但衡量生活是否幸福的標準又是什麼呢？無論人的富貴、貧賤，其生活總會經歷甘、苦，這才是真正的生活。

在美學世界中，維納斯（Venus）的雕像，一直是殘缺美的典範。當它第一次在洞穴中被人發現，並公諸於世時，眾人都不約而同的發出驚嘆，而那個斷臂也成為世人心中的遺憾。儘管很多人試圖恢復它的原狀，但無論怎樣的設計，都無法超越她的斷臂之美。

「完美無瑕」這個詞，只能存在於人們的美好願望中。畢竟生活有很多事情，都沒有想像的那麼完美。「月有陰晴圓缺，此事古難全」。在生活中，我們只有勇於接受，認清現實，才能珍惜擁有，不會沉淪在遺憾之中。

◇逃離舒適圈，走向夢中的自我

認清所處的現狀，意味著不要盲目悲觀和樂觀，也意味著在生活真相面前保持清醒。但是，在觀察過許多人之後，發現多數人無論在職場上、還是在生活中，其思維模式、心智理念和情緒變化，都顯得格局太小且過於侷促。乃至小到在偌大的世界中，居然只有一個圈子才能容得下他們。

對比一下自己，相信你也能發現這種類似的情況，不管高興還是難受，足以引起你情緒變化的，總是那幾種類型的因素，而你自己卻沒有發現！

難道不是這樣嗎？因為發了獎金、受到上司表揚、業績突出，你就開心至極，覺得整個世界都明亮起來；或者因為見到老朋友、聽到親戚捎來的好消息；又或者搶購到期待已久且有優惠的商品，而感到興奮不已。反之，只要是金錢上的虧損、工作上的壓力、人際關係上的小挫折，頓時又會讓你覺得虛度

光陰，感到一天的好心情都被毀了！

　　你可能會覺得，這是因為自己的敏感和脆弱。其實你錯了，這正是因為你每天都在熟悉的環境中度過，適應千篇一律的生活。因此，你才會為自己劃出「舒適圈」。而一旦環境有所變遷，你就會感到浮躁不安，更不用說保持清醒的頭腦。想要獲得幸福和成功，首先，你必須跨出自己的舒適圈。

　　那麼，究竟什麼是你的舒適圈呢？

　　心理學上的「舒適圈」，是指能讓一個人感到輕鬆自在的生活和工作方式，這樣的方式經過日積月累，成為習慣養成後，就如同一個無形的圈。在這個圈子裡，有令你熟悉的環境和人，讓你習慣自己每天所面對的狀態、所完成的工作事務。如果打破這個舒適圈，你將會面對全新的變化和高度的挑戰，這樣你就會感到很不自在，並本能地想要退回原本的生活樣貌。

　　更簡單、更直接的描述舒適圈，就是你的「逃避圈」。在這個圈子裡，時間、地點和人物，都讓你感到安全，圈內沒什麼壓力，當然也沒有緊迫感，只會感到每天都像昨天的翻版。久而久之，無形中讓你整個人變得鬆懈。

　　對成長和成熟來說，舒適圈是必須被打破的。你躲藏在舒適圈中，雖然可以獲得持續的「安全」，但也同時錯過讓自己變得更加完美的機會，無法激發出自身潛能。因此，不妨選擇每天都進步一點，勇敢地一點點走出熟悉、習慣的舒適圈，不

要拒絕成長、害怕冒險，唯有當你跨出去後才會發現，在舒適圈外，並非全都是荊棘，可能是一個你從未見過的新天地！

舉個常見的例子，當你每天都只是在熟悉的朋友圈中工作和生活，可能會因為缺乏結交新朋友的機會，你既有的人脈網就會逐漸枯竭，資訊量也會相對減少。你能維護原先關係的能力和資源愈來愈少，最後只剩下情感的維繫。反之，只有當你不斷接觸新朋友，打破原先的舒適圈，才能讓你的生活不再單純地重複。

晚清的紅頂商人胡雪巖，在年少時，因家境貧困，只能在杭州藥鋪當夥計。他工作勤快、聰明能幹，因此很受東家的賞識。雖然如此，胡雪巖並沒有放任自己停滯在舒適圈，而是不斷尋求更大的接觸範圍、更好的生活目標。

在人際關係上，胡雪巖以開闊寬廣的心，不斷結交新朋友，即使是那些會讓他感到不舒服的人。一次偶然的機會，胡雪巖認識了官宦後代王有齡，兩個人雖沒有多少共同文化背景和思想底蘊，但是胡雪巖卻能和王有齡一起談天，並非常欣賞他，願意幫助他成就一番事業。

就這樣，胡雪巖冒著風險，將自己收帳拿回來的五百兩銀子，借給王有齡。不久，王有齡事業有成後，深感胡雪巖的恩德，兩人就此結為兄弟。後來胡雪巖也得到王有齡提供的機會，透過漕運事務，走上了自己的成功之路。

可以確定的是，以胡雪巖當時的身分，和官宦子弟交往並

不是什麼舒服的事情。但反過來看，通往自我成就的道路上，離不開一天天累積起來的突破。我們需要的，就是跳出每天常規的悲歡和喜樂，摒棄原有的愛好和厭煩，然後根據自己成長和成熟的需求，不斷選擇新的領域，涉足並加以突破。

命運之神從來不會垂青於那些將自己封閉在小圈子裡的人。正如「生於憂患，死於安樂」這句古語所說的，你如果過度依戀昨天為自己打造的舒適區，那麼到了今天，舒適圈的範圍就會不斷縮小，甚至到了明天，這個區域就有可能完全消失。

長期觀察那些不願意走出舒適圈的人，我發現他們是因為自己曾經的失敗，而變得消極和悲觀，認為自己不管怎麼努力，都無法得到想要的結果。正因如此，他們就躲藏在舒適圈中，不願意做一點點改變。事實上，你要相信情況並不會一直像你所想像的那樣，如果你能意識到這個道理，就會勇敢地放大自己的圈子，接觸並接納更多的成功因素。

接納更大的舒適圈，會讓你自我感覺良好，並增加自信心。你不需要去做什麼危險的事情，來讓自己得到更大的舒適範圍，只需要去做讓你曾經感到擔心和緊張的事情，比如去認識原來不熟悉的人群、去參與從沒有接觸過的運動、去探索一直沒有關心過的愛好、去加入從沒有接觸過的團體，或嘗試改變自己的性格等。

請多對著日常行為的過程和結果衡量自己吧！你會發現，

自己原來生活在那麼窄小的圈子中。這樣的圈子，為你設置了
許多限制，並束縛你的手腳，讓你無法獲得更多進步。從現在
開始，你應該審視自己的做法，不要再畫地自限、排斥任何改
變，請試著挑戰自己、跨出舒適圈，盡自己的最大努力，去嘗
試改變。這樣，就能讓你從原先陳舊的自我中得到解脫。去不
斷地追求變化和成長吧！那樣，你會朝夢中的自我，不斷提升
和進步！

◇放下悔恨，在當下綻放

　　世界上最讓人痛苦的，不是當下的煩惱，而是對過去的悔
恨。你愈是成長，就愈會發現過去的錯誤。而由於這些錯誤所
產生的悔恨，又會不斷衝擊你的內心。此時，想必你心中浮現
的，是不快的記憶畫面，由內而外，你感受到的，都是這些畫
面帶來的壓力。

　　可是，你曾否問過自己，過去的事情會不會再次重來？如
果一切能夠重來，每個人都會因悔恨而成為聖人！但重點是，
所有人在時間的威力面前，任何懊悔和感嘆都是徒勞！

　　試想，可曾有過一件事情，因為你的後悔而改變了結果？
又可曾有一個人，因為懂得後悔而到達其想要的境界？所以，

與其後悔，不如放下心理負擔，然後勇敢面對事實，匯集改正的勇氣，如此，通往理想目標的大門，依然會向你敞開。

你應該擁有堅決的勇氣，不要再因痛苦的悔恨打破現在的寧靜，也不要讓莫名的憂慮影響今天的成就。過去已經一去不復返，不斷悔恨，必然會導致行動上的抱怨，而無休止的抱怨，會越發增加你的煩惱，而讓你感受到自己的無能。這樣的消極心態，會讓你遭遇更多失敗，帶來更多的悔恨。

莎士比亞說得好：「一直悔恨已經逝去的不幸，只會帶來更多的不幸。」不要一再重蹈覆轍的悔恨過去，因為已經發生的事情，不會再重來一遍。與其浪費時間，不如將你關注的焦點，聚焦到當下的重要事情上，並全心投入、體驗當下。這樣，你的能量將不會被浪費，而能開發其最大的活力。

韓國三星財團的創始人李秉喆，曾有過一段浪蕩不羈的歲月。少年時，他身體健康不佳，退學在家休養。病情痊癒後，他還是過著無所事事的生活，每天玩樂賭博、不思進取。成年後，雖然結婚生子，但還是沒有改掉年少時的壞習慣，酗酒、賭博樣樣來，唯獨事業沒有什麼起色。雖然他每次都感到後悔，但又控制不住地重蹈覆轍。

二十六歲那年，一天深夜，李秉喆從賭場拖著疲憊的身體回到家裡。當他透過窗外月光，看到熟睡中的妻子和三個孩子，突然感到良心虧欠、內心空虛，像是從一場噩夢中清醒過來，他發現自己之前虛度了太多時光。

在思索中，李秉喆發現，時間對每個生命來說都是公平的。如果自己不能把精力投入當下，就還會為過去的種種錯誤而不停懊悔。有此領悟後，他沒有再悔恨，而是果斷選擇新生，終於成就大業。

不必為潑灑的牛奶而哭泣，最好的方法是將它忘記。過去的種種，不論功過、成敗都應該讓它過去，因歷史也無法重新開始。如果沉浸在對過去失敗的悔恨，除了影響你的情緒，分散你的精力，無法帶給你任何好處。

過去只能代表過去，想要將來不為現在悔恨，那就只能選擇果斷的把當下的事情做好。你應該每天對著自己說：「我不能左右昨天，但我可以利用今天；我無法改變舊我，但我可以重塑新我；我不能改寫歷史，但我可以從現在開始，影響未來。」

其實，過去的失去並不完全是一件壞事。就像你選擇倒掉一杯水，那麼你就多了一個空杯子；你選擇放棄一份工作，那麼你就得到另一次競爭的機會。人生也好、事業也好，即使你成功地獲取一些東西，也相對會失去另一些；當你失去的同時，也會獲取其他東西。如果這樣看待昨天，你就會相信，老天並沒有對你特別不公，而是給你另一種選擇的方向。因此，當你再為昨天的錯誤感到痛苦時，不妨學會正確地分析那些錯誤，總結它們為你帶來的收穫，這些收穫或許是精神上的，讓你變得更加堅強和勇敢；又或許是經驗上的，讓你變得更加

成熟、老練；也有可能是人脈上的，因為類似的經歷，讓你認識、結交更多朋友……

　　你要相信，世界上沒有不犯錯的人，即使那些再有才華的成功者，也曾經傷痕累累地在困難面前摔倒。但他們之所以能獲得最終的成功，並非因為他們悔恨，而是因為他們懂得如何從過去的錯誤中，汲取經驗，懂得適當地忘記和放棄。與其總是生活在過去的沮喪，不如選擇放手一搏，以嶄新的面貌，去面對、迎接屬於自己的新天地。這樣，你將會逐漸遠離負面情緒，脫離讓你悔恨的痛苦經驗，到達成功的彼岸。

◇如果想哭，千萬別忍著

　　誰說眼淚總是無用的？誰說流眼淚是無能的表現？眼淚總被冠以懦弱、無能等消極字眼，彷彿在悲痛時，只有把眼淚強吞下去的男人才算真男人，事實真的是這樣嗎？

　　我們可以不說流淚是表現自我真實一面的做法，也不說看到別人的眼淚，我們本有的同情心四起。其實就單純從物化角度來說，眼淚是可以排除身體毒素的，這必然也幫助人們把壓力釋放，找到真我。我們可以把眼淚當成一種情緒的宣洩方式，一種解壓的方法。相關研究顯示，強忍眼淚，壓抑情緒，

會導致憂鬱症，嚴重的話，還會危害生理健康。所以在我的課堂上，如果有人想流淚，我會鼓勵他們就盡情地流吧！

美國曾做過一個有名的實驗，首先找一批人去看一部非常感人的電影，然後蒐集他們的眼淚，採集在試管中。過了幾天，再切幾顆洋蔥，刺激先前那批人再流下眼淚，採集到另一批試管中。隨後對這兩批眼淚進行對比、研究，發現「情緒眼淚」和「化學眼淚」的成分大不相同，「情緒眼淚」有一種物質叫「兒茶酚胺（catecholamine）」，而「化學眼淚」卻沒有。

所謂兒茶酚胺，就是一種大腦在情緒壓力下釋放出的化學物質，這種物質如果過多，會引發心血管疾病，甚至心肌梗塞。所以研究可判定，「情緒眼淚」排出的，正是對人體有害的「毒素」。

數據統計，一個人哭泣後，情緒強度會降低 40%；而長期不哭，壓抑情緒的人，壓力無處釋放，很容易影響身體健康，還會生病，如結腸炎、胃潰瘍等，都是源於情緒壓抑。更重要的是，強忍著眼淚，人會越發偽裝自己，心門也無法開啟！

人在情緒壓抑時，身體會產生一些有害的生物活性成分，哭泣可以排解這些有害物質。有實驗證明，心中壓抑情緒的人群，通常在大哭一場後，都會感覺狀態好了許多。

美國著名的醫學博士威廉‧弗雷（William Frey）研究哭泣與健康的關係，發現女人壽命比男人長的原因，竟然是因女

人更愛哭，這讓她們身體中因為情感壓抑而產生的毒素，可以適時排出。

而且，由於宣洩情緒的眼淚中含有很多蛋白質，所以流淚是有效排遣職場壓力的宣洩方式，既然如此，想哭就哭吧！讓身體中的毒素都滾出體外。

所以，請你不要怕哭泣，不要擔心哭泣會沒面子。找一個沒有人的地方，或者在一個信任的人身邊，用力地、盡情地哭吧！如果知心人在此時拍拍肩膀撫慰你，那排解效果會更好。不要再忌諱哭泣，因為它可以幫我們紓解壓力，讓我們面對真實的自己。

有人怕哭泣損害自己的形象、有人怕哭泣會被人瞧不起，種種原因讓我們哭泣的本能被壓制了。而我在課堂上，總會幫助一些人，就像找回真我一樣，找回哭泣的本能。

你可以找個隱密的空間，坐下後，再把手放在鎖骨上方，做短促呼吸，並刻意急促地重複呼吸，試著發出嚶嚶的哭泣聲，然後聽聽聲音的感覺，別避諱自己流露出軟弱。這時候，如果你發現太陽穴有點痛，這就是你壓力太大的反應，這時最有效的紓解方式，就是盡情地哭。

其實哭泣時，正是我們放鬆身心的時候，也是開啟心門的時候，把「哭泣」與「軟弱」等同的概念放下吧！釋放自己，大聲哭泣。

可以找一個和自己關係親密的摯友，敞開心門，慢慢傾

訴，緩緩哭泣，當對方能對自己的痛苦感同身受時，自己的痛苦就會進一步得到緩解。

但我們知道，能夠這樣推心置腹的朋友，並不是隨手得來的。社會上大多數人都戴著厚厚的面具，從來不肯開啟心門。如果沒有這種朋友，我們就讓自己徹底放鬆，靜靜去感受，回想自己的過往，回想自己的朋友、親人，回想那些做得好或不好的事情，讓所有煩惱和壓力隨著淚水一起流出。

此時，你會發現，接納和發現自己，原來如此簡單。而你的心裡也必然會充滿力量，因為你找到真正的自己！

Chapter5
為成功做好準備：盡力·提升·機會

　　成功充滿榮耀的光芒，讓無數人為之神往。但通向成功的過程，並非只有艱難、險阻可以概括。想要做好成功的事情，你必定先要做好成功的自己。盡力改正缺點、提升品味、努力發現和創造更多機會……成功地讓自己變得與眾不同後，人生道路的差異也將自然而然地浮現。

◇成功沒來敲門前，做好自己

在課程的討論過程中，一些學員總會流露出「我總是期待成功，但卻每次都失望」的類似情緒。

我告訴他們，或許成功的運氣，直到現在還沒有降臨。但更重要的癥結在於「你是否為迎接成功，而準備好你自己了？」

正如我一向強調的，這個世界沒有失敗者，假設每個人都極力發揮潛力、找到自己的本質，堅持做真實的自己，那都能變成成功者。如果你沒活出真正的自己，那你只是在重複他人的形象，又憑什麼能成功呢？

多去關注你日常工作和生活中的機會吧！為什麼別人面對同樣的機會就能做出成績，而你卻只能苦苦期待？原因不在其他，在於你和他們事先所做的準備程度有所不同。要知道，想獲得成功，就必須像那些成功者一樣，在最初準備時，就要拿出自己最優秀的狀態，展現自己最充足的能力。

成功之路就是你自己一路成長的道路。而成功的祕訣、關鍵，就是在不斷成長的經歷中，觀察世界所發生的變化，從而正確地掌握每一個可能的機會。首先，你必須開始有所行動，並有所準備，無論是主觀、還是客觀上的條件，都需充分準備，你才能有機會看到勝利的曙光、飽嚐成功的美果。

從宇宙的「能量法則」來看，所有的機會都有其流動的目的性。機會代表能量的變化，而這種變化只會為那些希望變化的人展示。當你完全準備好自己，並不斷學習、累積經歷，才能即刻掌握住機會。

知名作家阿爾伯特‧哈伯德（Elbert Hubbard）雖出生於富裕的家庭，但他知道那些財富並不屬於他自己，他只想透過不斷地學習做好自己。於是他持續累積知識和經驗，畢業之後，即使他外出工作，也都會帶不同的書籍，在車上邊看邊背誦。之後，他又考上哈佛大學，開始了對課程的系統研究和學習。

從大學畢業後，哈伯德決定繼續做好自己的事情。他不僅對出版行業很感興趣，甚至想將出版業擴展及歐洲，於是他著手進行歐洲市場的專業考察，又親赴相關行業的諮詢公司委託進行市場調查。不久，他獲得創業所有相關的準確數據，並成立屬於自己的出版社。

即使出版社的業績興隆，但哈伯德並沒有因此滿足，他依然覺得做好市場調查、尋找商機，是塑造自己成功的機會。很快地，他敏銳地發現，自己所在的紐約州東奧羅拉地區，常是人們度假旅遊的目的地，而當地的旅館業卻始終沒什麼發展。於是，哈伯德又在那裡進行兩個月的專業考察，包括了解周遭環境和交通現況，甚至親身入住當地旅館去體驗、研究。不久，他便收購了一家旅館，然後按照自己的專業知識、累積經驗進行創新，打造全新的住宿環境。這樣的環境充滿創意與用

心，當然也就深受旅客們的喜歡與蒞臨。

就這樣，哈伯德的事業，隨著他日常的自我塑造，而達到新的高峰。

哈伯德的故事正說明了「成功絕非空中樓閣」，即使出身富裕家庭，也只能代表你擁有較優勢的起跑點，卻不能保證你會獲得成功。只有當你在真正決策和執行之前，做好準備，充分發揮自己的特點，你才能獲得強大且堅強的實力。

多問問自己，是不是真的做好準備，去面對更好的自己了？那意味著你需要改善原本的缺點，彌補短處，從而突破原有的瓶頸。這點說來容易，但實行起來，卻需要經過漫長的堅持和等待。看看你和身邊的人吧！許多人明明知道自己的缺點，卻從來沒有認真面對、並下定決心改變，他們總是對自己承諾「只要機會出現，我就一定會用更好的態度去面對」，但實際的問題是，如果你沒有做好準備、沒有完善自我，又怎能知道擺在面前的就是機會呢？事實上，許多人一直都在期盼所謂的「好機會」，但他們根本沒有能力發現並妥善應對，只能看著機會在眼前溜走。

很多人都熟悉那個被蘋果砸到牛頓腦袋的童話故事，並或多或少地認為，一個蘋果為牛頓帶來成功的機會。但事實上，大家都忽視了牛頓從年少時就致力思索並鑽研數學、物理和天文等專業，在這樣漫長的過程中，他不斷開發自己的能力，最後確立自己的方向，同時也研究相關領域內眾多問題間的關

係。而從樹上落下的蘋果，只是激發他最後的突破而已。

　　我們應該注意，在真正面臨那個關鍵性的突破機會前，應該先學習掌握每個細節，去鍛鍊並展現自己，這些細節或許意味著不同的機會，而透過這些機會，就能讓周圍環境更大程度地認可自己。或許你會說，我曾經鍛鍊並展現過自己，但沒有看到更大的機會。此時，你應該反問自己，是否堅持進行這樣的展現和鍛鍊？是否準備好將自己徹底開發，並提升到更大的舞臺？

　　從現在開始，你可以努力按照我所提供的建議，去做更完美的自己。不要急於尋求那些看似能讓你一步登天的機會，相反的，唯有埋頭努力，不斷修行，你才能換來夢想中的變化。

　　從以下幾個方向開始著手，去完善自己吧！

　　首先，做好自己身邊的小事情。或許你經常對身邊的小事不屑一顧，認為這些微不足道，和邁向成功之路毫不相關、完全沾不上邊。因此，即使你已開始去做，也總是漫不經心地敷衍了事。你必須立刻改正這種輕忽的態度，讓自己在每件小事上，都得到充分地鍛鍊與提升。如此，具備良好的能力和習慣作為基石，才更能迎接成功。

　　其次，不斷學習新知識。不要為自己現有的知識而自滿，因為你不知道當機會到來時，你可能需要怎樣的知識來面對。為此，將知識結構不斷擴充，加強那些對你而言最實用、最重要的知識元素，這樣，你才能變得愈來愈優秀。

　　除了以上兩點，你還應該適當地保持自我。不要盲目模仿

那些已經成功的人，他們的成功，建立在自我個性、特質的基礎上，並非完全值得你學習。你可以回憶一下，那些和他人進行的比較，並沒有讓你獲得真正的進步，相反的，很可能讓你垂頭喪氣，甚至感到前途渺茫。事實上，你可以不斷地去發現自身性格和能力中的優勢，並強化信心，有了對自我清晰、客觀的了解，你才能獲得機遇的青睞。

很多人曾想改變一切的不公平，但他們發現改變並不容易。其實，為什麼不去想想改變自己呢？每個人的命運並非由他人決定，而成功的目標並非高不可攀，在邁向成功之前，你需要的，只是朝向更加優秀的自我。請你相信，唯有當你提升自己，變得愈來愈優秀時，你離成功也就愈來愈近了。

◇在生命的每一刻全力以赴

禪理云：「種何因，則得何果。」在今天，這意味著你做的任何決定，最終都會在生命的旅程中留下痕跡，並產生最終的結果。而你今天的種種行為，會在將來生活的某一刻，發揮出你原先沒有想到的作用。想到這裡，我經常感到警醒，並以此和學員們分享。

我常常問學員，今天你的努力，必然對你的將來有所幫

助，那麼你今天有沒有全力以赴呢？如果在今天或者在人生任何一個階段，你留下的記憶都不清晰，那麼這段印象模糊的歲月，對你的人生而言，是否還有意義？如果你一輩子都沒有得到想要的機會，那麼你是不是一輩子都要平庸地度過？當你帶著這樣空蕩的回憶邁向老年時，又會有多麼的後悔呢？

當我這樣警示學員們時，他們感到的雖是沉重的壓力，同時也帶來積極的動力，因為他們意識到，唯有認真地對待今天，為生命中的每一刻去努力付出，才是珍惜生命的正確態度。

然而，有更多的人，他們被自己的惰性所蒙蔽。他們無法得到應有的自由，而精神之門也長久關閉。他們不願意每一天都投入聰明才智，總是在為自己的鬆懈、懶惰尋找藉口。另一種人則是被自己的偏見所束縛，他們覺得自己無論怎麼努力，都不可能成功，更不要說凡事全力以赴了。

很有可能，你也曾是這些人中的一個。回首過去，你不願意全力以赴的主要原因，就是「膽怯」。許多人和你一樣，都渴望能不斷向前邁進，以提升人生的品質，同時希望有朝一日可以與眾不同，但是在嘗試了幾次，卻沒有看到預期的成果後，最終還是選擇停下一切的努力，並說服自己安於現狀。因為害怕他人的嘲諷和譏笑，也害怕自己努力卻得不到回報的失衡，於是根本不願意如實地表現自我，只能在徬徨中虛度生活、浪費生命。

在我喜歡的書《狼圖騰》中，有一個故事：「人們想要讓

小狼搬家，但是小狼不願服從，人們就在牛車後綁上繩子，並套在小狼的脖子，強拉牠走。小狼無法抵擋牛的力量，就用力將爪撐在地上，直撐到爪子都受傷、爛了，寧願躺在地上打滾、寧願死亡，也不願意向現實屈服。最後，連想要馴服小狼的人們也都哭了。」

當我把這個故事說給學員們聽時，他們沉默了。在小狼的身上，我們看見全力以赴、不願被現實束縛的精神，這是被生活磨平稜角的人們所最需要的！人生短短數十年，比起整個浩瀚的宇宙時空，難道不是只有最短小的一瞬間？如何讓你的一生更加無愧？答案是唯一的，「活著就要努力嘗試改變，改變自我，人生才能煥發光輝。」

全力以赴地改變，意味著你為自己定下一個目標，然後就要專注地投入實現目標的行動中，在沒有成功之前，你的注意力就絕不能分散。只有學會專注，才能長期激發自己的潛能，並維持在某一個領域。

法國著名的軍事家拿破崙之所以能獲得偉大的成就，就在於他有持久的專注力。他的助手曾經這樣回憶：「他最突出的，就是持久的注意力。他可以一口氣連續工作十八個小時，或許是做一件事，或許是做幾件工作，但我從沒有看過他的專注力消退。就算他身體疲憊，或在急行軍中，甚至是惱怒的時候，我也從沒看過他不管當下正在處理的事情，而改去關注其他事。比如，從埃及來的軍情，就沒有妨礙他對國內民法制定這

件工作的關注，而制定民法的工作，也沒有妨礙他處理與埃及相關的事務。」

的確如此，拿破崙無論做什麼，都會集中自己當下的能力，在每一件事情、每一個時空中，注入全身心的精力。這樣看來，他從科西嘉島上一個農夫的兒子，成為震撼歐洲的「法蘭西皇帝」，也就顯得順理成章了。

「全力以赴」並不是要你一頭熱、毫無章法地莽撞行事，除了注意力集中外，還需要耐心和堅持。當你覺得自己的努力無法突破現狀時，不妨先選擇等待，同時仔細尋找解決問題的關鍵，當你度過最艱難的時刻，就可以應付自如，然後著手解決問題。

在人生旅途中，任何情況都有可能影響你能力的發揮，即使遇到這樣的麻煩，遇到看似無法解決的困難，你也要學會安撫自己的情緒，恢復理智，且冷靜地停下來，耐心等待機會，並找到解決之道。動物界也有這樣的例證，狼在潛伏時雖然一動也不動，但牠們仍然聚精會神地鎖定目標物，這樣的專注，正是獲取勝利不可缺少的一步。

為了做到全力以赴，對於那些枯燥、麻煩的事情，你應該適度調整自己，用「遊戲」的心態去看待。成功學大師戴爾‧卡內基曾說過一個故事：有位女士進入一家公司，從事枯燥的數據輸入工作，這份工作讓許多人都難以忍受，無法做到長期全力以赴，而這位女士卻能長期適應，並獲得老闆的賞識。原

來，她採取的方法是和自己「競賽」，有時候和前一天比賽數據輸入的數量和品質比賽，有時候則是上午和下午比賽，還有時她會因為比賽的結果，而給自己對應的獎勵或懲罰……

千萬不要再渾渾噩噩下去了！記住，你本不該如此平庸，而你又是如此幸運，能夠隨時改變自己的平庸狀態。無論你最終獲得怎樣的成績，把人生看成一場長跑吧！其實，成績並不是最重要的，只要你真正選擇了向目標奔跑、勇往直前，選擇頑強和專注的態度，那麼你就是人生的勝利者和享受者！

◇進步小不可怕，可怕的是原地踏步

想要獲得不同品質的生活，無疑需要付出不同的努力程度。那些看起來偉大的成就，實際上也是許多原本平凡的人，在不斷自我砥礪的進步中所獲得的。他們並沒有什麼飛躍式的進步，相反的，乃是因為他們懂得細節提升的重要性，每天都進步一點點，日積月累，就會產生質的不同。

對於那些勇於改變自我的人來說，他們的心理始終對新的自我有所期待。在心理學上，這樣的自我形象期待，促使他們不願保持原有的形象，更不會原地踏步、停滯不前。如此，在他們眼中，每天的生活都會帶來不同的機會、更大的進步

空間。個人的幸福也就在順應生活的軌道，不斷前進並永不停息。

任何一點個人的進步，即使看起來並不明顯、突出，但實際上都是得之不易的。「千里之行始於足下」，不難領會，任何參天大樹，也都是從最小的種子發芽開始的。每天多學習和改變自己一點，了解自己一點，就會促使你成長。勉勵自己多行動、多思考，也可以促使你對未來命運的改變。

我的不少學員都喜歡閱讀，但當他們剛剛參與課程時，卻有許多人表示，已經很久沒有讀過書了。我問及原因，他們都說沒有時間。其實只要做個最簡單的計算就能明白，這個理由是不應該存在的。大部分正常成年人平均每分鐘閱讀 200 字，而每一頁書通常是 400 字左右，照這樣的平均速度來計算，就算每天花十分鐘，你也可以閱讀六、七頁書了，而如果堅持每天這樣閱讀，你一年起碼可以讀十幾本書！想想看，你怎麼可能沒有每天十分鐘的時間？一年十幾本書的閱讀量，足以提升你在精神和專業上的能力。試想，還有什麼事情能夠具有如此高的「性價比」（cost-performance ratio，CP 值）？能讓你花比做家務還少的時間，卻得到世界上智慧的精髓？

因此，我對學員說：「你們找理由推託自己每天的進步，其實是不合邏輯且不理智的。你們明明有時間，但卻將時間花在提升自我以外的事情上。」

那麼，你又是如何做的呢？你有沒有為你應該獲得的日常

進步，去尋找理由推託？或許你會說自己太累、壓力太大了？但是，你為什麼不認為自己這麼糟糕的狀態，是來自於你沒有想要進步的上進心？如果你明確了解積極進步的重要性，或許你一分鐘都不願意等待，而是想要提升和豐富自己！

無論你是已經在事業上有所成就，還是初出茅廬的年輕人，都不要忘記要求自己每天淘汰舊有的自我。你應該時常告誡自己，如果不堅持淘汰缺點，就注定會被社會淘汰。這才是成功者心中必須牢記的進化法則。

美國近代詩人、文學家和鋼琴家埃爾斯金，小時候跟隨一位老師學鋼琴，老師上課時曾提醒他：「要知道，你長大後不會有這麼長且完整的時間練琴。所以從現在開始，你要學會利用幾分鐘的空閒時間練習，比如上學前、午飯後。長大後，甚至可以在工作之間持續練琴。這樣，就能夠將練習時間分散，每天都能獲得一點進步。」

埃爾斯金記住了老師的建議，他在後來的生活和事業中，都使用了這種「分散練習」的方法。即使到哥倫比亞大學教書，想要兼職從事文學創作，卻發現上課、改試卷、開會等工作，已將他整段生活擠滿了。後來他便想到鋼琴老師的話，於是一有時間，就坐下來寫幾百個字。令他驚訝的是，一星期過去後，他竟然寫出兩篇小說，這是當初始料未及的呀！於是，埃爾斯金就利用這種方式，開始了長篇小說的創作，而且同時繼續練琴。他發現即使進步慢一點也不可怕，最可怕的是沒有

進步。

「積沙成塔」的道理許多人都懂，但是很少有人能夠將道理徹底付諸實踐。而每天勤奮一點、主動一點、學習一點和創造一點，你就會驚奇地發現，不知不覺中，你已經脫穎而出了。

為此，我建議你制定一個計畫。要求自己每天能夠進步一點點，這些進步的方向，可以是在理論知識上、也可以是在具體的專業技能上，又或者是在你的人脈經營中，但總體應該圍繞著對自己的塑造。相信過不了多久時間，你就會發現，自己有了顯著的進步，在生活中、在工作上也逐漸開始產生變化。

其次，每天都應該在清晨激勵自己：「一定要做得再好一點，今天要比昨天有更多進步！」這才是一個真正自強不息的人，對自己所作的要求，也是會讓你的人生變得精彩多樣的根本動力。

當一件事情做到某個程度後，你絕不應該因為出現瓶頸而停下來。你需要繼續保持努力，以求達到更高的程度。這就需要你每天繼續向著目標發展，尋找更多細節上的缺點，並予以改變，這樣，你就會不斷保持反思和進步。

養成每天進步的習慣吧！這樣的習慣會讓你獲益匪淺，同時能讓你對自己有更好的期待，給出更高的目標。就從現在做起，未來的你，會感謝今天的辛勤和付出！

◇放棄固執，見證每一天新的自己

對每個人來說，最熟悉的人都是自己。很多人太過偏執地以為，別人不像自己這樣了解自己。但你有沒有想過，在你眼中的自己，有多久沒有變化了？

當我這樣問學員們時，他們都愣住了，打從心底來說，他們甚至根本沒有想過自己是需要改變的！

其實，上述這種現象，在心理學家看來是很常見的。固執，常常表現為自我思維的狹隘、對新事物的拒絕接受，或者是對改變的擔心。這種現象更可能表現為一種人格的障礙。

同樣地，你也很有可能對自己秉持過於固定的看法。現在不妨想一想，正因為你從來都覺得對自己最了解，因此總是堅持維持自身既有的特點，且拒絕改變，排斥學習，其實你是匍匐在「自信」的名義下，從迷信變成了固執。

儘管相信自己是重要且可貴的，但是過度肯定自己，不能用理智的眼光來期待自身發生變化，就會容易制式、僵化。當你對自己的看法僵化後，會造成你故步自封、甚至孤立無援，而不被外界所接受，最終，受到傷害的還是你自己。

我對學員們說過這樣的寓言。

「有兩隻青蛙住得很近，一隻住在深水池中，不容易被他人發現；另一隻住在淺水溝中，溝裡的水不僅很少，溝的旁邊

還是一條車水馬龍的道路。基於這個原因，深水池中的青蛙就力勸淺水溝中的青蛙說：『你還是換個地方住吧！或跟我一起住，因為我那裡很安全，也不缺少食物。』但那隻住在淺水溝的青蛙，一派輕鬆的回答：『我在這住習慣了，我覺得很安全，你不用為我擔心。』結果，沒過幾天，馬路上一輛笨重的貨車翻覆到淺水溝裡，將那隻青蛙活活壓死。」

　　將上述故事與你自己對照一下，你會不會忽然覺得自己就像這隻住在淺水溝的青蛙一樣，因為對自己太過自信，而喪失最終的寶貴生命？要知道，人本身只是宇宙的一分子，會按照自然規律不斷地新陳代謝，當然自我的思想也需要與時俱進，才能讓心智模式得到昇華。

　　其實你身上的固執，來自於一堵無形的偏見之牆。因為對事情的認知程度不同、所處的領域不同、處事的方法不同……等，即使素養再高的人，也無法保證自己毫無偏見。同時，固執還來源於自身的傲慢，甚至是主觀所造成的誤解。有時候，你並沒有真正認識自己，而是盲目地相信自己的想法，或者依賴自己的習慣。這樣的習慣養成後，稍加時日，固執不變的性格也就隨之而成。

　　更嚴重的是，固執有時還會讓你感覺到具有某種「優點」，會讓你充滿個性。當你過於固執時，你是否還覺得自己很堅強、很勇敢？但實際上，固執的你所表現出的那種百折不撓、那種堅持到底，其實和真正的堅強是不同的。因為你花費

一切力量所形成的自我，實際上就是一種偏頗。因此，這種所謂的個性，在許多時候，給人一種自以為是、拒絕變化的不良印象。因為固執，你會變得容易否定他人、剛愎自用，固執還會讓你對變化產生偏見。恰恰這種固執，會讓你失去更好的發展機會，也失去更廣闊的人脈。

你肯定知道微軟創辦人比爾蓋茲的成就，他在十九歲時就開始著手開發軟體，而且希望能將它變成自己的事業。大三那年，他選擇休學，開始創業。

比爾蓋茲之所以能在事業上成功，還和他的不固執有關。如果他是典型的「技術宅男」，不願意走出象牙塔、學習改變自我，反而從固執中獲得滿足，那麼他很有可能就只會不斷鑽研技術，當然也就不會有微軟公司的創立了。相反的，正因為蓋茲不拘泥於自我最初的想法和特長，他的公司才走上新的發展道路，他們收購了其他工作室開發的「Q-DOS」系統，獲得使用權，並進行改良，重新命名為 MS DOS，然後再提供給客戶。換而言之，蓋茲很輕鬆地就實現了自我角色的變化，成為購買產品並進行合法利用，從而獲取利潤的成功企業家。

正因為蓋茲沒有固執地「堅持自我」，而是不斷地尋求突破，才獲得事業上的進步。他並沒有因為自己在技術上獲得的成就，就開始自滿、止步不前，反而選擇不斷創新，不斷追求新高度。這足以說明蓋茲了解什麼是走向成功的本質。

請牢記！千萬不要讓自己「吊死在一棵樹上」，做一件事

情，應該有許多方法，而其中必然有更好的方法。因此，當你再次觀察自我時，不妨多動動腦筋，嘗試去挖掘自己不同的面向，尋找不同的方法，這樣你就會覺得情況豁然開朗。有了這樣「換一條路」的思考，你就會發現更好的改變方向。

學著放棄吧！放棄自己原本的錯誤「堅持」，你會看到「退一步海闊天空」。選擇更新，你面前的未來將會更寬廣，而每一天的自己，都會因為改變而有所成長！

◇等待，未嘗不是一種進步

人生的確有艱難的一面，但即使艱難，我們還是要堅持下去。人生的道路就像任重道遠，而目標則是生命的圓滿和成功。你是否做好承受壓力的準備？又是否能夠體會到長途跋涉的曲折、辛勞？要知道，人生本來就是在磨難與挫折中不斷度過，而思想也在失意和徘徊中，才會日趨成熟。

相信你一定嚮往過成功，嚮往美好的未來，但沒有人生來離成功只有一步之遙。在奮鬥的過程中，總會有一些失敗和困難，即使你手上握著鑰匙，也需要等待可以開啟的那把鎖。你要相信自己，因為當你在等待之中，才能做好準備去迎接機遇；如果你不花費時間去等待，怎麼會萌生出計畫、策略？怎

麼去充分地激發自己的能力？如果你不懂得等待的作用，相信你也不會知道該如何行動。如果不信，你可以看看身邊的許多人，他們為什麼看起來每天都在過同樣的日子？又為什麼不知道怎麼將「量變」轉化為「質變」？那是因為他們不知道自己在等待什麼，更不知道如何等待！

等待看似簡單，但其實蘊含著重大的奧妙。積極等待，不僅是解決和處理許多問題的好方法，也是重要的生活態度。在《易經》第一卦「乾卦」中，初九的爻辭就是「潛龍勿用」。所謂「潛」，就是要懂得不採取盲目的行動，而是等待時機。這樣才能發展到之後「飛龍在天」的境界。

「經營之神」台塑集團的創辦人王永慶，在成功之前經歷過許多挫折，而當別人問他怎樣走過這段歲月時，他回憶了自己童年養鵝的經歷。

1941 年前後，臺灣糧食缺乏，百姓經常吃不飽，更沒有多餘的糧食餵養家禽，農戶們只能把牠們野放在外，讓牠們自己覓食。在那之前，鵝本來是很好餵養的，正常情況下，四個月就能養到五、六斤重。而這種情況下，每隻鵝只有兩斤重。看著自己的這些瘦鵝，王永慶心中盤算 —— 只有設法找到飼料，等鵝長肥，才能變賣、獲取利潤。

於是，王永慶耐心地等待，同時尋找菜根和粗菜葉，又蒐集稻米廠的那些碎米和稻殼，製成餵養鵝的食物。後來他發現，這些自製飼料效果不錯，便開始收購更多的瘦鵝。經過

兩個月餵養的自製飼料後，瘦鵝群都長到七、八斤重，賣出好價錢。

這次成功的經驗，讓王永慶領悟到：「任何人在遇到苦難時，都應該像瘦鵝那樣，懂得忍耐，鍛鍊自己的能力，培養自己的毅力。只要餓不死，就會有機會，然後迅速地強壯起來。」

1975 年，王永慶在美國聖若望大學演講時說：「我是一個沒有專長的人，而且家境貧寒，如果沒有刻苦等待，就無法生存下去，更不可能獲得成功。我想，正是在艱難歲月中的磨練與等待，才讓我具備了克服困難的精神和勇氣，這是上帝對我的賜福。」

從王永慶的這段訪談中，我們能夠看出刻苦耐勞和堅毅等待，不僅是王永慶所一貫秉持的精神，也是他個人事業成功的動力。許多人的聰明才智並不輸給其他人，但他們不願意經歷艱苦等待的歲月，這樣就難以獲得良好的結果。

為什麼你無法堅持等待？那是因為等待的過程是苦澀的。在等待中，你會發現自己的未來存在很大的變數，你會感覺內心無依無靠，甚至會對自我能力的信心動搖。你會擔心因為這樣的等待，而導致夢想中的結果無法觸及；且在等待中，你又害怕自己無法忍受，最終放棄堅持，選擇臨陣脫逃。

正如同狼群為了獲得獵物而必須忍耐那樣，等待是否能夠成功，其關鍵在於是否能夠忍耐。忍耐，意味著堅持一段過

程，在一定的時間中，花費應有的精力。而在這樣的忍耐過程中默默奮鬥，就是等待的奧祕。為此，當你等待機會時，你要懂得如何設法排解痛苦的情緒、壓抑的感覺，以便不受其影響。這樣你的意志也將同時得到充分的鍛鍊。可以說，在等待中所表現出的忍耐力量，正是你心靈成長的力量，更能決定你的命運發展。

　　無論是在事業上、還是人生中，耐心都是重要的。你要確保自己的思想、行動和意念，都能夠朝同一個方向前進。而耐力則同時需要精神專注和身體健康，你應該積極鍛鍊自己，保持這樣的狀態，才能忍受疼痛、艱苦，展現出持久且堅強的續航力。

　　當然等待機會，並不只意味著忍耐。如果只會一味忍耐，你除了養成逆來順受的性格外，幾乎沒有什麼其他益處了。在忍耐的同時，務必要不斷主動尋找機會。

　　所謂主動，就是主動地選擇擺脫外界影響，主導自身的行動，開發內在的力量，尋求自身積極的因素，而不向環境屈服。這種毅力需要你不斷挖掘內心源源不斷的能力，並嚴格控制、引導，從而在等待過程中，發揮出常人所不能及的執著，做好充足的準備。

　　具體來說，學會等待要做好以下幾點。

　　首先，你應該做好眼前的本職工作。你是否在開始工作以後，發現自己對未來考慮太多，卻忽視了眼前工作？其實這正是造成你目前工作表現不彰的原因。你或許會為此而煩躁不

安、憂心忡忡。實際上，你應該學會將自己工作中，哪怕最小的事情都做好，盡快熟悉和工作相關的業務、技能，維繫良好人脈。這樣你就有機會在積極等待中，抓住下一次機會。

其次，你還要為等待確立好目標。這些目標應該明確，你可以將它們具體記錄下來，然後問問自己，哪些是針對事業的？哪些是針對生活的？哪些是針對健康的？這樣，你就更能做到有意識地等待，並能夠在目標的指引下，做出積極的行動，在等待中獲得更長足的進步。

有些人認為，如果沒有成功的希望，只是一味的等待是愚蠢的。但這樣的想法並不明智。因為是否具備成功的希望，並非當下就能完全判斷，你必須要學會適度的等待，在等待中完成自己力所能及的事情。這樣，你就會獲得堅持和忍耐的良好品格，而這種積極的等待，也不失為另一種進步。

◇機會來臨，請猛撲上去

在唐朝的禪機大師臨濟的著作中，收錄了一句經典：「欲用即用，更不遲疑。」這句話讓我留下很深的印象，幾乎每期培訓，我都會拿出來和學員們分享。我之所以喜歡這句話，是因為其中的內涵，「當機會來臨，一定要當機立斷，猛撲上去。」

Chapter5
為成功做好準備：盡力・提升・機會

　　人生在世，不可能永遠風平浪靜。你想必也遇到過這種情況，原本過著平靜的生活，但突然有變化來臨，需要你馬上做出決斷。此時，如果你從來沒有思索和準備，就會為究竟應該做出什麼決定而感到困惑不解。而這種困惑、遲疑，很可能會令你錯失良機。

　　不知你是否曾留意過衝浪選手的行為？海上襲來的浪頭，在他人看來明明是危險的，但在衝浪選手眼中，則是絕佳機會。他們能夠面對浪頭，勇敢且專注地衝上去，確保自己充分把握正確時機。如果他們沒有做好準備，就會失去浪頭帶來的勢能，甚至因此面臨生命的危險。

　　你必須承認，每個人其實生來都具有所謂的直覺能力。很多人面對生活或事業，都應該有本能的感知能力，去判斷和把握機會。然而，正因為你一直以來的懶惰、遲疑和迷茫，導致直覺力不斷降低，乃至失去。機會明明擺在面前，你卻不懂得珍惜，結果只能以失敗告終，忍受他人的嘲笑。想想你從小到大失去過的那些機會，如果當時能把握其中一個，或許你今天就會在不同的環境中，過著不一樣的生活！但如果你不記取教訓、吸收經驗，還在為自己錯過陽光而悔恨，那麼沒過多久，你也快要失去星星了……

　　機會本身不會長期存在。機會像是稍縱即逝的火花，一旦激發，卻沒有趁機壯大後，你想再出發，就沒那麼容易了。所以，發現機會的眼光一定要銳利，而把握機會的行動一定要迅速。

　　在這個世界上，並沒有太多人們自我限定的不可能。為了發現機會，你必須先打破常規的思維模式，積極嘗試多種角度，這樣很有可能在他人無法看出的情況下，率先找到機會。

　　因此，你不需要用「經驗」和「常識」來束縛自己，也不應該用它們當作標準來衡量所有事情。請將「不可能」從你的口頭禪中除去，時刻準備好採取行動。不要因為擔心失敗而不敢做出判斷，也不要因為害怕被拒絕，就不敢明辨是非。相反的，積極擴大自己的思考範圍，找到適合當前局勢和環境的方法，以便確保機會不會從你手中溜走。

　　1865 年，美國南北戰爭結束。同年 4 月，林肯總統遇刺身亡。此時，廢除奴隸制度所帶來的喜悅與總統遇害造成的痛苦，讓美國人民感到情緒複雜，而社會上充斥著種種輿論，多少令人感到茫然。正是在這樣的情況下，一個小小的鐵路員工安德魯・卡內基（Andrew Carnegie）卻看到了自己事業發展的良好機會。

　　卡內基認定隨著戰爭結束，即使總統遇刺，也改變不了國內的經濟局勢。隨著經濟的復甦，對鋼鐵的需求會愈來愈多。於是，他果斷辭職，進入鋼鐵貿易行業，很快就併購都市鋼鐵公司和巨人鋼鐵公司，然後成立自己的聯合鋼鐵公司。事實證明，卡內基的思維方向完全正確，美國政府正在規劃能夠貫穿全美東西的鐵路，而修建鐵路需要大量的鋼材。於是，卡內基

又在自己的鋼鐵廠中建起高爐，並聘請大批專家，從原材料到生產過程，致力於提高工廠鋼鐵產品的品質。

然而，天有不測風雲，1873 年，美國的經濟開始衰退，鐵路工程也暫時中斷，卡內基的鋼鐵公司不得不面臨停產的窘境。但卡內基認為，經濟蕭條也同樣是自己的機會，因為原材料更加便宜，工人的薪水也會相對減少，這不正是擴大企業生產能量的最佳時機嗎？為此，他逆向思考，決定再修建一座鋼鐵場，並說服同為股東的「金融巨鱷」老摩根。

果然，隨著鋼鐵產量比率的不斷提升，卡內基的實力逐步擴大。最後，他終於建立自己的鋼鐵企業集團。

從卡內基的成功經歷能看到，他的每一個決定，其實都是對機會的掌握，一旦發現並判斷局勢，他就能立即抓住機會，將之變成自己攀登道路上最堅實的階梯。

不過，假設將卡內基當時的位置轉讓給你，你會善於把握每一次機會嗎？要知道，對一個不善於發現和抓住機會的人，機會是沒有用的。正如同就算有了大風，還要有懂得操縱風帆的人，否則，風永遠不會成為行船的動力。

為了把握好機會，當機會出現在你面前時，不要帶著負面思維去觀察它，也先不要在機會中找那些風險和問題。雖然我們都明白，任何機會都存在著風險，但如果你帶著這樣的想法去面對機會，可能會將行動危險評估得太高，結果最終仍是毫無行動。

　　要知道，機會不會是你的客人，它們不會在門口等你，也不會給你多少時間去懷疑和挑戰。你只要稍微猶豫不決，機會就將轉身離開。

　　同時，就算機會看起來成功機率再低，還是要盡一己之力抓住。曾有成功者說：「就算機會成功的機率只有萬分之一，是否能成功，還是和你的主觀努力有關。」仔細想想，難道不是這樣嗎？你或許曾經告訴自己，機會實現的可能性太小，努力可能也沒有結果，還是算了吧！這樣，每次都用同樣的理由阻止自己的努力，而你也因此錯過一次又一次訓練自己的機會，什麼時候才能碰到百分之百成功的機會呢？答案是，世界上根本沒有百分之百成功的機會！

　　機會不僅難以事先做精準的衡量、估算，甚至根本就是無形的，只有你努力到一定程度，才能找出並確定，否則你永遠遇不到機會。因此，在確認機會之前，要針對自我擅長的方向主動出擊，才能和命運進行一次高價位的「交易」。

　　人生的道路看似相同，但卻各有千秋。從同一個起點出發的人，會因為和機會之間擦出的火花不同，而產生不同的境遇。所以，為了不愧對生命，請你珍視每一個可能，在機會面前勇於出擊、勇於勝利！

Chapter6
敢挑戰自我極限：勇敢・放空・超越

　　每個人都有更好的自我，但前提是，他們必須勇於挑戰每一個舊我。在新我面前，舊我如同一層阻礙，成為你勇敢釋放自己、超越過去的限制。這樣的限制看起來可怕，但事實上，當你伸出勇敢的臂膀，你會發現，堅強的意志和持續的行動，足以讓極限煙消雲散。

◇既然畏懼無濟於事，為什麼還要畏懼

　　你感覺自己的潛力全部開發出來了嗎？答案很可能是否定的。因為你內心恐怕常有這樣的聲音，「為什麼我只能過這樣的生活？為什麼我只能做這樣的工作？我明明感覺自己可以有更好的環境去發展、去打拚，但到底我被什麼捆住了手腳？」

　　這種潛意識的想法，會讓你感覺自己是被壓制的、受束縛的，彷彿世界威嚴地在你面前劃下一道紅線，使你不得踰越。但為什麼世界沒有對他人如此苛刻？那些成功者究竟是怎麼突破這種限制？

　　根本的差別在於，成功者克服了他們內心的畏懼感。

　　世界上沒有什麼比畏懼本身更容易讓你害怕！要記住，畏懼不過是建立在你心理上的一道障礙而已。心理學研究顯示，人身上的潛能之所以始終被壓制，絕大多數都難以發揮，主要是因為心理層面受到種種恐懼感的影響。對那些自我感覺失敗者進行的調查顯示，他們並不是智商或能力較差，而是被自己恐懼的心所擊敗，難以有所突破。

　　現代人最大的心理困境之一，就是在強大的社會現實規則面前，感受到自我的弱小。因為弱小，他們進而產生畏懼，然後想要有更多的占有慾，去彌補這樣的畏懼。但占有慾的滿足，無法戰勝畏懼感，與此相反，他們會因為占有而更加害怕

失去。這樣，畏懼感就會長久地束縛他們。

　　曾經有位德國鄉下的小女孩，每當她走到村子裡一戶傳教士家的門口，都會有一隻凶悍的大鵝衝出來撲向她，甚至曾經啄傷她幾次。女孩每次都被嚇得哇哇大哭，後來再也不敢從那裡經過了。小女孩的父親向自己五歲的兒子說：「希望你的膽子比姐姐大一點。」接著，將一根長長的棍子交給兒子，並提醒他：「日後如果大鵝還要襲擊你們，你就大膽地走過去，用棍子狠狠抽打牠，牠就會跑走。」

　　於是，小男孩跟著姐姐再次經過傳教士家門時，那隻大鵝馬上就伸長脖頸，並發出陣陣叫聲、衝過來。小男孩一開始很害怕，想要跑走，忽然想到父親的叮囑，便壯起膽子，舉起棍子一陣亂舞，大鵝果然害怕了，叫著退回院子的鵝群中。

　　這個小男孩長大後，成為德國西門子集團的創始人維爾納‧馮‧西門子（Werner von Siemens），在他古稀之年撰寫的自傳中提到，正是童年這段經歷的啟示，讓他一輩子都為之受用。他獲得無數的鼓勵，當面對危險時，他不會選擇迴避，而是像幼年時面對那隻大鵝一樣，勇敢、主動地衝上去，加以痛擊。

　　的確，勇於突破畏懼，勇於嘗試新事物，是你對自己的重新發現，也展現出自信和決心。很多時候，你之所以會害怕，是因為你看到許多事物和自己消極的一面。但這個世界上，不會只存在事物的一面，假如你能看到另一面，就能戰勝畏懼。

假如你只看到那個膽怯的自己，你又如何認識不一樣的自我？

美國歷史上保險業巨擘克里曼特·斯通（William Clement Ston）幼年時父親就去世了，母親帶著他在芝加哥貧民區生活。長大成人後，他為了謀生，曾賣過報紙。每一次，他都會被同一家餐廳的員工，以惡劣、無理的方式踢出門外。可是只要經過這家餐廳門口，他都會重新鼓起勇氣，再次推門進去賣報。這樣經過幾次之後，客人們見狀都會勸阻員工，且紛紛買他的報紙。斯通發現自己的勇敢是值得的。

直到斯通十六歲時，他開始嘗試去推銷保險。可是當面對現代高聳的大樓時，他膽怯了、動搖了。當下突然想起當初走進餐廳後，被人三番兩次撐出來，依然無所畏懼的經歷，他重新燃起勇氣，走進了大樓。儘管那一天他只賣出兩份保險，但他依然覺得自己收穫滿滿。那是因為他以前不畏懼小餐廳的拒絕，現在他還能不畏懼摩天大樓。未來，他將對任何困難都無所畏懼。

讓我們向斯通看齊，當你再次面對畏懼時，要大膽地在內心對自己說，讓我試一試、我曾經成功過。這樣的態度，會帶領你走向成功。想要獲得良好的結果，首先要懂得「假裝」出勇敢而無畏的姿態，這樣的姿態，會正向影響你的情緒，最終讓你真的全身心都擁有勇氣。

你要看到，所謂外在帶給你的畏懼，其實就是你自己的怯懦導致的。這些怯懦程度會因每個人的經歷而有差異，很多都

是個人自我成長和經歷過程中所產生的陰影。如果我們能夠正視並樂觀看待，你就會發現自己一直擔心的東西，其實並不可怕，或許也不會發生。

想要克服畏懼，就需要先積極地改變自己。為自己訂下一個以前不敢想像的目標吧！如果你有勇氣去期待這樣的目標，起碼你在起跑點上就擁有了一部分從來沒有的決心。同時，你還要不斷幻想自己在實現目標後將獲得的成就感，這份成就感會不斷推動著你，讓你擁有十足的動力，並愈來愈適應當下的困境與帶來的壓力。

許多學員在實際訓練課程結束後表示，當一個人能夠下定決心讓畏懼感離開，他就能堅持到底。許多人選擇寫下自己因為畏懼所需付出的代價，然後在同一張紙上，寫下如果克服畏懼，將會獲得怎樣的收益。之後的每一天，都會對這兩者進行對比和計算，並體驗其中感覺的差距。

你也可以做這樣的訓練，然後在計算清楚之後，拿出自己的行動，去做其中對你最有益處的事情。你不需要為畏懼本身感到猶豫和擔心，在設想最壞的結果後，調適心態、予以面對，這樣你就不會因為怯懦而退縮。成功必然如同朝霞到來，出現在你人生的地平線上，而你也會對此欣喜鼓舞、歡呼雀躍。

◇世界這麼亂，我不勇敢給誰看

今天的世界亂不亂？相信許多人的答案都會是肯定的。其實，世界的「亂」並不在於其險惡、複雜，而是在於競爭的激烈、要求的提高。你的思路決定你的出路，而希望之路就在你的腳下。當你感覺世界變亂了，其實那是你的內心在變亂。

如果你需要無所畏懼地面對自己的內心、面對外界的困難，那麼當你在人生的道路上，切實地遭遇失敗之後，你又該如何才能理順你那變亂的內心呢？很多人並沒有做好這樣的準備。

有人說：「我相貌平庸，在這個重視第一印象的社會，我就算再努力，也沒辦法事業成功⋯⋯」

也有人說：「我背景不好，父母沒有什麼能力，我智商也不高，這輩子大概只能這樣了⋯⋯」

還有人說：「我曾經很成功，後來遭遇大麻煩，將幾年間賺的錢都賠光了，我對這個世界太失望了⋯⋯」

我只能說，在現實社會中，有些人一旦面對情況不佳的現實，就難以直起腰桿來面對。問問你自己，是不是經常空想成功，但卻沒有確實施行那些目標？而當你遭遇挫折時，就會選擇逃避和放棄，失去前進的動力和方向？其實，不論這些現實中的不如意，是來自先天還是後天，就算你面前的道路再艱

辛，就算你會因為目標而背負更多的心理壓力，你也不能失去自己最可貴的勇氣。因為勇氣關乎你的人生信念、關乎你的堅持方向。

對那些堅持勇敢的人來說，即使走出的人生，像森林一樣錯綜複雜，他們也不會選擇退縮；即使生活像沙漠一樣令人迷茫，他們也依然選擇前進。這是因為他們知道，世界和自己的心態緊密相連，如果自己不夠勇敢，那麼世界就會更亂。他們更知道，信念兩個字，必須和勇敢在一起，才能寫得更加偉岸。

某教育集團的創始人曾說過他的人生哲學：「在這個世界上，每個人都可以對自己的生活方式做出兩種選擇。第一種方式，是怯懦地像草一樣生活，儘管它們吸收了雨露、陽光，但是卻無法長得高大，人們也不會因為踩到你，就對你有所憐憫，因為你缺乏存在感，人們並沒有看到你，或者視若無睹。想要成功，就應該選擇第二種方式，像樹那樣成長。雖然自己曾有過失敗，面對壓力，但只要你有勇敢的種子，即使被人踩到泥土中，依然能夠吸取大地的能量而成長茁壯」。他說：「有些人之所以從來沒有輝煌過，不是因為他們不能輝煌，而是因為他們從來沒有想要有輝煌的勇氣。當然他們就不知道如何創造輝煌。」

的確，在任何不幸面前，都要有堅強勇敢的表現，而這也是你面對世界的正確態度。在第二次世界大戰期間，英國首相

邱吉爾曾應邀在劍橋大學進行演講。演講前，他坐在會場前排，頭戴高帽、手持雪茄、表情堅毅而樂觀。當隆重的介紹詞結束，隨即邱吉爾上臺，他沉默的注視觀眾兩分鐘之久，然後用他獨有的風格說道：「永遠，永遠，永遠不要放棄。」接著，他又長長地沉默了幾分鐘，再次重複了這句話。最後，他再度注視著觀眾席後，從容地下臺回座。這幾乎是歷史上最短的演講，但卻是邱吉爾最著名的一次演講。正是這句話，表現出他超人般的勇氣。憑藉這樣的勇氣，他帶領英倫三島各階層的民眾，成功抗擊了窮凶極惡的納粹，將民主和自由重新帶回整個歐洲。

想一想，在面對戰火紛飛的世界時，邱吉爾依然能如此勇敢，並深深影響他身邊的每個人。今天，你又有什麼理由，不對世界勇敢地抬起頭？

問問你自己，到底哪種情況才會讓你覺得更加可怕？是曾經遭遇過的苦難歷程？抑或正在經歷的悲觀情緒？還是保持現狀，不去做任何改變？更應該想像一下，如果你堅持勇敢面對的態度，在數年後改變了自己的命運，那時候你會怎麼想？如果你現在不去做任何改變，情況會怎麼樣？

要知道，那些所有具備真正勇氣的人，實際上都是理性的人。他們會計算缺乏勇氣、面對人生和積極改變人生的成本，充分比較之後，他們會發現，沒有勇氣，只會導致更壞的結果，因為沒有勇氣，就無法得到他人的幫助，導致自己孤立無

援。因此，雖然他們曾經缺乏勇氣，但在這樣的計算之後，就會勇敢面對、忘記失敗。

為了鼓起勇氣，你可以想像自己的兩個模樣：一個是缺乏勇氣的你；另一個是鼓起勇氣的你。你不妨想像這兩個你，被中間那道現實的欄杆所阻隔。你需要做的，就是翻越這道欄杆，朝向未來的你前進。

問問自己，你有勇氣跨過那道欄杆嗎？未來的你會不會感謝今天的跨越？如果你來選擇，你更願意堅守在哪一邊？當你了解這些答案後，你就會發現，獲取勇氣並不困難。

想要勇敢地走出現實的陰影，首先要找到現實不如意的原因。當所謂的不如意發生之後，你的心裡當然會產生動搖，但想要鼓起勇氣，就要找出原因。例如，根本的原因究竟在於客觀的外界環境，還是在於自己的能力缺陷？究竟是因為自己步伐走得太快，還是因為自己躊躇不前？……當你對這些原因逐一分析、總結，就能從經驗教訓中累積起勇敢的力量。

你應該將外界給你的諸多壓力，視為社會、乃至自然界的計畫之一。正是這樣的計畫，在對你和更多人進行嚴格測試，藉以淘汰那些不適應競爭的參與者，讓有能力為社會創造更大價值的人，變得更加純淨，更加經得起考驗。

因此，面對世界，你必然要勇敢起來。雖然這兩個字經常出現，但真正能讀懂它的人，才能理順世界紛紜雜亂表象背後的脈絡，成為可以主宰身邊環境，同時面對自我的強者。

◇放空雜念，找回孩子般的好奇心

每個人都經歷過瓶頸期，在你的瓶頸期，你是否有過這樣的感覺，覺得自己想要的太多，想獲得的資源太多，而通往目標的路徑也愈來愈雜亂了。那麼，面對這些情況，你應該怎麼辦？

如果無法正確面對，那麼你只能在混雜的干擾中愈陷愈深，無從撤退。你會發現自己難以靜下心來好好做任何一件事情。在你休息時，你會輾轉反側地想工作的事情；而當你工作時，你又會想生活中的那些瑣事；在人際交往中，你擔心自己不夠有魅力；而在真正應該提升魅力時，你又想要和別人一樣，出去應酬社交……

請不要再用「誘惑太多」、「需要如此」等藉口來搪塞自己、欺騙自己，其實在你無法突破瓶頸時，就應該放空自己，找回孩子般的好奇和專注的天性。

不要以為成年人的智慧就一定高於孩子。心理學研究早就證明「孩子的學習能力在許多方面超過成年人，從學習一門語言到學習不同的藝術課程。」同時科學家早就注意到，孩子們因為其心智模式單純，有著比成年人更多的單一性學習行為特點。這意味著，他們一旦集中注意力去學習或操作某一件事，得到的長期進步和收益，很可能是成年人難以達到的。這就是

許多行業和學術都講究「家族傳承」和「童子功」的祕密。

那麼，身為成年人，你怎樣才能既保持原有的優勢，同時也獲得孩子般的神奇天賦呢？唯一的答案，就是懂得在正確的時間和空間，以正確的方式放空自己。讓自己的內心重新回歸純淨，追求簡單的成功，那樣你就自然而然能突破瓶頸了。

在日本近代歷史上，有兩位傑出的武士。其中一位是宮本武藏，而另一位則是他最得意的弟子柳生又壽郎。

當初，柳生向宮本武藏拜師學藝後，問師父：「請問，根據我現在的資質，要練習多長時間才能成為一流劍客？」

宮本武藏回答：「我認為最少要十年的時間。」

柳生覺得時間太久，皺了皺眉，急迫地說：「師父，那實在太久了，如果我加倍苦練，多久可以成功呢？」

宮本回答：「那大概要二十年時間了。」

柳生感覺莫名其妙，便繼續問：「那我除了吃飯和必要的睡覺，什麼事情都不做，並夜以繼日地刻苦練習呢？」

宮本最後說：「那你就算累死，恐怕也無法成為日本一流的劍客。」

隨後，宮本解釋：「想要成為一流劍客，並非只是不斷地『裝滿』自己，而是要時刻懂得如何『放空』，走進單純的劍術世界中，不為名利或愛恨去練劍。那樣，心才能安靜下來，才能不為外界所欺騙，並達到一流境界。」

今天，愈來愈多聰明人已經開始明白，想要只靠一味勤勉

的努力，是遠遠不夠的。反過來，阻礙你走向更好局面的，或許癥結點就在於你的「勤勉」。在快節奏、多元化的現代社會，你必須懂得採取「閉關」的方式來放空自己。透過閉關，形成自我歸零，促進自我內省，從而有效地調節自己、發現自己。當你的內心開始充滿童年時的執著和好奇，相信接近完美的努力狀態也就離你不遠了。

放空自己，意味著選擇無欲無求的心態。所謂「壁立千仞，無欲則剛」是指一個人如果能真正做到對名利無欲無求，而將自己的心專注在單純的目標上，他就能獲得寬廣的胸懷。這樣的胸懷，會為他帶來廣闊的發展空間。相反的，你為什麼會經常受到來自不同方向的干擾？你會發現，自己對名譽、地位和金錢的追求，幾乎已經改變你心靈的土壤，而在這樣世俗庸碌的土壤下，不可能栽植、培育出參天大樹，不可能徹底改變你的狀態。

讓自己擁有能夠看開的心態吧！這樣你就擁有了挑戰自我的能力。任何具有基本登山常識的人都有這樣的體會，想要登上最終的峰頂，就要在征途中不斷的減負。你應該學會像專業登山員那樣，每到達一個營地，就卸下身上最沉重的裝備。而到衝刺階段，除了那些最基本維持生命的物資，和必須攜帶的工具外，幾乎已經毫無他物。這樣，登山員才會從精神和身體上確保自己輕裝上陣、能全力衝刺，到達頂峰。

人生和登山有很多共同點。讓自己放空，擁有孩子般的追

求心和好奇心，可以讓你始終保持謙和的自我心態，可以讓你遠離站在過去那些所謂成就的自負上，並享受理性帶給你的自由和輕鬆。你一定要學會分清楚什麼是自負、什麼是自信。記住，那些自負的心靈總是會被過多雜亂的唯我欲望而緊緊包裹，形成固執和偏見，拒絕他人和外界的接觸，難以和周圍環境融為一體，並讓心靈捆上枷鎖。你可以觀察那些年幼的孩子，當他們牙牙學語時、當他們蹣跚學步時、當他們嘗試寫下人生第一個字、唱人生第一首歌時 ...... 他們是沒有任何自負的，而這樣空靈的精神狀態，顯然不會成為堅固牢籠，從而確保了孩子們迅速學習並自我成長。那麼，今天的你為什麼就不能找到童年的求知狀態呢？

學會放空自我，還意味著學會真正的取捨。隨著年紀增加，你身邊的羈絆也在不斷增加。或許童年時的你，只需要關注你自己，但你現在需要關注的範圍擴大，包括工作、家庭和社會責任。你不必抱怨這些責任的沉重，因為你需要懂得，愈是面對各種繁雜的責任，你愈應該放棄原本不應背在身上的壓力。只有你捨得，才能有充分的空間去面對那些責任。

為自己的心靈洗個澡吧！像蘋果電腦創辦人賈伯斯，做個類似禪修的冥想，讓自己的心回到童年時期。你會明白，什麼是自我虛空，什麼是無處惹塵埃。那樣，你的人生，無論成就大小，都會得到智慧和輕鬆的幸福。而這種狀態，正是走向最高境界的必經之路！

◇勇於突破，失敗了也沒什麼大不了

　　失敗，無疑是讓人們最為厭煩的詞語。失敗對你而言，意味著夢想的破滅、意味著他人的看法、意味著成為被淘汰者，還有可能影響你的家庭和生活。

　　但失敗其實並沒有那麼可怕，下次當你面對失敗時，請想想社會改革人權主義者馬丁・路德・金恩吧！他為了黑人民權而不斷奔走，一生都面臨著暴力威脅和種族歧視，但他卻從來沒有放棄；請再想想福特汽車的創辦人亨利・福特吧！他創辦的汽車企業一開始就經營不善，幾乎面臨破產的困境，但他沒有放棄，最終成為汽車大亨；想想印度國父，聖雄甘地吧！他多年追求印度獨立自由而遭受挫折，雖然身體因此虛弱，但他的精神卻愈戰愈勇；再想想科學家瑪里・居禮對鐳的研究發現吧！經歷無數次權威者的嘲笑和否定，但她還是憑藉自己堅毅不屈的努力，獲得諾貝爾獎……

　　無疑，這些各領域中的翹楚，其智力和能力多方表現出類拔萃，但他們依然會面臨失敗。每一次，失敗都有可能終結他們的努力，或成為他們選擇放棄、拖延的理由。但正因為他們沒有選擇這樣，而是從失敗中另闢蹊徑、加以突破，因此才擁有了屬於自己的一片天地。

　　擁有了從失敗中尋找改變機會的先進思維，即使是很小

的失敗，也有可能成為你進步的推動力量。在以下 3M 的案例中，其道理展現尤其明顯。

弗萊（Arthur Fry）是 3M 公司的一位技術員工，業餘時間喜歡到當地的教堂唱詩班、參加活動。有一次，這家公司研究開發一種新成分的黏合劑，而弗萊也參與了這個專案，他們希望可以研製出品質優良的黏合劑，從而徹底更新產品。然而，經過長時間的工作後，弗萊他們發現，除了一種黏合力不佳的膠狀物，他們什麼也沒有發明出來。雖然如此，弗萊還是保留了這些「失敗」的產品。他相信，或許有朝一日，它們能夠派上用場。

某個週日的早上，弗萊發現自己記錄唱詩班事宜的書籤，散亂得到處都是，他忽然想到，可以用那個「失敗」的產品來碰碰運氣。於是，他著手將膠狀物塗在紙上，然後發現那張紙條不僅能做成書籤，還能當成留言紙條，貼到任何地方，而用完之後，還能方便地撕下來。

結果，可重複使用的 3M 便條貼就此問世！而這個產品也意外地成為 3M 公司最成功的產品之一。

弗萊的故事說明一個寶貴的道理：「你的任何失敗經歷都並非毫無價值。嘗試回憶那些失敗經歷就可以發現，在失敗的過程中，你能總結出豐富的經驗。」換個角度來看，失敗後的那個結果，也依然可能是有價值的。既然如此，你又有什麼理

由不將失敗視為自己可以把握的突破機會？要知道，只要你依然持續努力，外界環境就總會不斷變化，而你絕對不應該對自己說完全失敗了。

若想從失敗中找到自我進步的起點，首先你要尋找可以推動這種變化的思維模式。例如，在自我訓練中，積極回想在生活上或工作中，最能鼓舞自己的那些人，然後就能發現他們面對失敗的反應模式。你應該向他們學習，用不同以往、不同他人的方式，重新定位失敗，找到其中可以利用的資源和經驗。在這樣不斷的訓練下，你將可以持續發展，並促進思維模式，挑戰舊有的自我，並為今後的成功奠定力量。

當然，想要從失敗中獲得進步，必須要有所付出。請記得，無論是否遭遇失敗，都應該做好以下幾件事情：經常觀察工作和生活的環境，發現其中的不同點；利用自己現有的優勢，去累積機會、方法和資源；嘗試對失敗的過程進行重新塑造和定義，即改變努力的目標或方向。

總而言之，你必須在面對失敗時，發揮自己的柔韌性。回想一下，你是否因為太過「堅持」自我，結果導致一次次類似的失敗不斷發生？是不是經常因為沒有做出改變，而在同樣的失敗面前頭破血流？其實，當你拓寬自己的眼光，你就會發現，失敗有可能是很好的催化劑，是幫助你翻身、轉運的最佳動力。

命運總青睞那些擁有突破勇氣和能力的人，他們就算因為失敗而跌倒，也依然會保持對失敗的正向看法。他們能夠從跌

倒的地方英勇地站起來，釋放出自我更大的能量。因此，當你尋求突破時，不要總是期盼一次次的成功，更應該提醒自己，失敗並不可怕，可怕的是無法從失敗中站起來。當你能從失敗中尋求到機會，才會將命運的走向緊緊掌握在自己手中！

◇不超越，人生永遠沒起色

永遠不要懷疑，你的人生品質完全取決於你自己的心態。而事實上，許多人之所以埋怨人生黯淡無光、沒有起色，還在於他們不懂得心理學的「蛻皮效應」（Molting effect）。

據說，雄鷹是世界上壽命最長的禽類之一，許多雄鷹能活到七十歲。但是，當牠們生命過半時，必須面臨生死的超越過程。從幼年開始，鷹嘴和爪子都在不斷長大，而翅膀上的羽毛也會愈來愈厚重。但到牠四十歲時，會因此而無法承擔羽毛的重量，難以飛翔。於是，鷹就會來到荒涼的山崖邊，先將自己翅膀上厚重的羽毛拔下，再啄去爪子上的指甲，最後，把鷹嘴用力往石頭上磕斷⋯⋯這個過程是痛苦的，經常會鮮血淋漓。然而經過長達數十天的休養生息後，羽毛會重新長出，鷹嘴和利爪也會鋒芒再起，撐過這樣的蛻變過程，雄鷹就能獲得日後更新的三十年生命。

可以看到，在「蛻皮效應」中，強調的是對自我的超越。超越必然會帶來痛苦，但超越後的結果，對自我來說，將會是新鮮而富有希望、更加飽滿和成熟的未來。

當然蛻皮的經歷是痛苦的，這是超越的必要過程，無法迴避和縮短。所以，在你的自我超越過程中，因為煎熬和灰心引起的掙扎、糾結心理狀態，都是不可避免的，而且必然會發生一些為難的情況。「超越」需要你具備心理上足夠的承受力，否則將難以實現。

如果你真的對人生有所寄託，就會真誠的期待超越，盡力的做好自己的事情。當你有超越的動力時，自己所經歷的幸運和不幸、公平或委屈，都能將之視為一種過程，並樂於接受。而你也會不斷地有足夠能力來承受和面對可能出現的種種苦難，更有能力在承受之後，讓自己經歷蛻變，不斷擴大生存空間，並在超越後提高人生的境界。

在中學畢業後，麥爾文就來到紐約的一家服裝店打工。他殷勤工作、不怕勞苦，堅信自己會憑藉著超越自我的能力而出人頭地。他為自己設立的第一個目標，就是擁有自己的服飾店。為了實現這個目標，他開始在繁雜的日常工作中，留心學習、累積經驗、了解市場。

成年之後，麥爾文用自己累積的資本，開了一家服裝店。開業之初，門市的生意還不錯。但幾個月之後，他發現生意變得愈來愈差。在業務最差時，幾乎入不敷出，在勉強支撐數年後，他只好結束營業、宣布破產。

　　麥爾文從來沒想到自己的努力竟會以如此情況而告終。他只好選擇離開紐約，回到家鄉。他開始反思失敗的問題，最後他找出原因。服裝既需要考量實用性，也需要留意時尚感。圍繞著這個想法，麥爾文選擇再一次超越自己，他考取服裝設計學校，對時尚界的流行趨勢進行專門的研究。

　　一年後，麥爾文再次重新創業，他選擇在芝加哥開設只有十幾平方公尺的工作室，除了銷售自己設計的服裝外，還能根據顧客的要求，進行客製化服飾。這一次，因為他的服裝設計新穎且精美，加上款式時尚且多樣、經營靈活，很快獲得眾多客戶的喜愛，門市生意變得愈來愈興隆。兩年後，麥爾文將服裝店的規模拓展得愈來愈大，最終成立了服裝公司，這家公司就是全美最大百貨公司的前身。

　　相信你從這個故事能夠看出，每個人的一生，只有經過不斷的自我反省，在否定中發展自己，才能將自我意識中那些不適應現有環境的層面逐漸淘汰，獲得飛躍的成長。尤其是在回顧和思索中，不斷自我觀察，你就會發現，可以對自己進行更加準確的定位，從而找到自己的新方向和新出路。

　　如果你想要透過競爭取勝，那麼你首先要做的，就是在超越自我的過程中獲勝。你必須為此保持不滿的狀態，你需要忘記自己現有的一切，然後才能比之前走得更遠。你還需要挖掘更多特長和潛力，汲取更多的知識，然後才能義無反顧地走向競爭的藍海。

實現超越，就要先從心智模式的超越開始。首先，你需要從心智上自我完善，然後達到個人的完美，並能夠和身邊的同事、團隊或合作者等和諧相處，獲得更為全面的心智。接下來，還需要以這樣的心智模式，進入自我超越的階段。在這個階段，你應該做到「一日三省吾身」，達到內心和精神的不斷精進與超越，直到內在的精神世界自我完善。

正如美國成功學大師拿破崙・希爾（Napoleon Hill）所說：「如果你提供超出你酬勞的服務，那麼酬勞也就會超過你的服務了。」實現個人的超越，還要打造價值的超越。你的價值應該不斷得到成長，在他人眼中具備更多作用。問問自己，有多少工作是你主動「多做一點」完成的？有多少利益是你及時提供給他人的？如果你能心甘情願地做到這些，而不是被迫去做，那麼你就會獲得更多個人附加價值，就能為他人創造更多利益，從而放大你對周遭環境的作用，並扮演更加重要的角色。

為此，你應該從日常枯燥乏味的工作中看到新的意義，主動選擇那些能夠更大程度釋放你智慧、發揮你特長的事情，施展你與眾不同的獨特能力，這樣超越之路就會變得越發順利。

「超越自己」聽起來困難，但本質就是在自己原有的基礎上，再多付出一些、多堅持一些。這樣，你的每一天就會充滿創造和挑戰的樂趣，世界也會因此而變得更加多彩。

◇鳳凰涅槃，挑戰極限才能發現真我

佛教中有個典故：「相傳鳳凰是人間奇特的吉祥禽鳥，每過五百年，牠就要背負人世間累積的種種怨念，投身烈火自焚，用自己生命的終結，來換取人世間的幸福安康。而在肉體經歷痛苦之後，牠們會重新獲得更加美好的軀體並重生。這樣的過程被稱為『涅槃』。」

如果你期待自己的事業和生活成功，希望獲得自我最高的修行狀態，那麼面對極限，你內心出現的，不應該是怯懦和退讓，而是鳳凰涅槃時，燃起的熊熊烈火，只有勇敢像鳳凰那樣，投身在對極限的挑戰中，經歷應有的痛苦，才能獲得重生。

挑戰極限，意味著主動賦予自己向高難度進行挑戰的積極勇氣。如果你不能向高難度的工作主動發出挑戰，那麼你的潛能就會被牢固地壓制，最終喪失殆盡。唯有在挑戰自我極限的同時，你原本無限的潛能，才會不斷地被啟用，成為輝煌的成就。因此，你將有資格回報每一個關心和愛護你的人，也能對得起自己的天賦。

你應該記得，在奧林匹克運動精神中，「更高、更快、更強」意味著人類對個體極限不斷挑戰和突破的精神。而在社會領域中，人類更是因為不滿足而挑戰各個領域。你可以看到，

金氏世界紀錄不斷被各個國家、各個領域的頂尖人才刷新紀錄；世界諸多著名高峰，被前仆後繼的登山隊不斷征服；英吉利海峽已多次被人徒手遊過；而商業和科學領域的奇蹟，則幾乎每天都在被重新整理著……面對這些，你是否感受到挑戰極限的那份快樂和收穫呢？

如果你真正了解什麼是挑戰極限，你就會明白，挑戰自我極限就是你對自身生命熱愛和珍惜的展現。你可以計算一下自己的一生，去掉小時候的上學、讀書時間，扣除年老後退休享受生活的時間，再減除每天吃飯、睡覺和休息的時間，你一生也只有一、二十年的時間，是用在創造價值上。如此短暫的時間，與其庸庸碌碌、無所作為的活下去，不如壯烈地點燃生命，去拓展生命的寬度和深度。那樣，你將會明白，對自我極限的挑戰，並非只是為了追求名利和地位，而是為了證實自己的價值和實力，展現生命的活力和尊嚴。

我們之所以尊敬成功者，並不是因為他們擁有的名譽或財富，而是尊重他們不斷挑戰自我的勇氣。對比自己，你會不會感到汗顏？因為你很可能只是習慣既有的生活，不願意加以改變。但生活想要有所變化，必須要在持續追求中，不斷前進。你要堅信，在你意識到自己需要挑戰極限的同時，你的生活軌跡即將改變，你將面對的，會是廣袤的藍天，而不再是困守的斗室。當你真正走上挑戰極限的路途後，你就會發現，隨著你人生高度的改變，視野也會因此變得更加不同！

在美國拳王阿里（Muhammad Ali）第一次走上拳擊賽臺時，瘦弱的他被全體觀眾發出噓聲。許多人認為，這個毫不起眼的新人，會在五回合之內就被打趴。但觀眾們萬萬沒想到，這個不起眼的年輕人，居然在隨後的拳擊賽中，不斷挑戰自我極限，創造出一個個拳壇神話。阿里最終成為世界拳擊史上第一位獲得三次世界重量級冠軍榮譽的運動員，成為當之無愧的拳王。

當總結起自身的成功經驗時，阿里說過這樣的話：「『不可能』，那是別人的觀點；對我而言雖是挑戰，但絕不是永遠不可能。」

無疑，阿里是挑戰自身極限的勝利者，並因此鑄成人生的豐碑。想要和他一樣，能夠在挑戰極限的鬥爭中獲勝，首先要做的，就是和「不可能」戰鬥！要知道，在這個世界上，沒有什麼絕對不可能。你可以想像，如果在五百年前，你告訴別人，坐上一架銀白色的「大鳥」，鑽進它的肚子，就可以安全地飛上天，他一定會覺得不可思議；如果在一百年前，你告訴別人，高鐵的速度將能夠讓你在兩小時內從臺北到高雄，他同樣會覺得不可思議；如果在三十年前，你告訴別人，購物可以不用去商場，有人會根據你的訂單，將物品直接送到家門口，他同樣會覺得不可思議……因此，又有多少絕對的不可能呢？隨著環境的變化、社會的發展、科技的進步，一切不可能都有可能變成現實。

　　尤其是個人的奮鬥過程中，你更需要向自己的「不可能」挑戰。很多時候，當你做好準備挑戰自己極限時，總會有人告訴你：「算了吧！我覺得你想要做的事，是不可能的。」很快的，你可能也開始懷疑自己，是不是太不切實際了？是不是不可能？隨之而來，就是你屈服於所謂的極限。

　　你可以學習成功學大師卡內基以下的做法，然後持續激勵自己。

　　年輕時，卡內基想要成為作家，但他知道，作家必須擁有豐富的詞彙量，而字典將會是提高詞彙量的最好工具。但由於他接受的教育並不完整，因此有人落井下石地說：「你這樣的雄心壯志，恐怕難以實現。」

　　為了激發自己的潛能，並打破極限，卡內基儲蓄很久的存款，然後購買了當時最好的字典。他知道自己需要熟讀這本字典，超越現有的極限。為了讓自己更有信心和鬥志，他做了一件富有象徵意義的事情，他找到字典裡「不可能」這個英文單字，然後剪掉這個詞條。這樣，他的人生字典裡，就沒有「不可能」了。

　　你應該學習卡內基的這種精神，把你的「不可能」從腦海中趕走。在未來的歲月中，你應該拒談這個字眼；在想法中也要排除這個字眼；更要以實際行動取代這個字眼。不要為你對極限挑戰的惰性找藉口搪塞，而是要用「可以」來代替。

　　你需要挑戰極限，更應該明白，挑戰極限並不是狂妄無

知，也不是衝動和蠻幹。這是因為挑戰極限是對自己的尊重，
是對生命潛能的發掘。當歲月逝去、年華盡失，你是想要不停
悔恨自己，從未在任何領域挑戰自己，還是想問心無愧地說：
我曾盡力挑戰人生中的許多高峰？

Chapter7
面對自己的選擇：從容·真實·不悔

　　存在主義學說認為，人生就是一次選擇，不同的人，選擇不同的存在方式，於是便有了世界上不同的人生。從某種角度來說，選擇的確如此具有決定性。但不要因為這樣的特點，就害怕選擇，請從容不迫地做出自己最真實無悔的選擇吧！你將發現，敢做出選擇，是你面對人生的第一步！

◇既然選擇遠方，便只顧風雨兼程

不需要我解釋太多，在這個時代，那些被人們關注、稱讚乃至崇拜的人，大多是擁有獨特天賦的人。他們不僅有令人驚嘆的龐大財產，還因為卓越的事業，而擁有相當的社經地位。但也因為如此，許多人就接受了現實，他們認為自己之所以沒有獲得想要的財富，是因為自己沒有這樣的天賦。因此，別人獲得成功是理所當然的，而自己始終平庸，也是意料中的事，並不足以為奇了。

其實你如果不去練習我之前所談的反思，就永遠不會明白，你也曾經有與眾不同的天賦，但你沒有為自己的天賦，選擇一個好的方向。結果你只能被別人操縱，甚至甘願被命運擺布，變得更加迷茫。到那時，即使你曾經擁有再高的天賦，也無法發揮，只能一輩子接受平庸的現實。

即使不談未來，著眼現在。我也敢肯定，你之所以處於現在的局面，是因為你曾經放棄選擇。

世界著名的激勵大師安東尼·羅賓（Anthony Robbins）曾說過自己的一段見聞：「某次他搭飛機遠行，身旁恰巧是一個非常愛說話的人。到發送晚餐的時間，空姐前來詢問乘客要吃雞肉還是牛肉，羅賓選擇雞肉，而這位旅客告訴空姐『都可以』。所以羅賓得到一份雞肉餐，而身旁旅客領取的是牛肉

餐。但接下來半個小時中，這位旅客幾乎一直抱怨牛肉餐有多難吃，讓羅賓感到不勝其煩。」羅賓的評論是，這位旅客似乎不明白，晚餐難吃是來自於他自己放棄了選擇的機會，旅客覺得自己沒有選到好吃的晚餐，但實際上是他自己將選擇權放棄了。

對比一下你自己吧！在人生的旅途上，你是否選好自己的方向？你或許經常抱怨別人為你帶來麻煩，比如你明明選擇在都市打拚、奮鬥，但父母偏偏叫你回家鄉做一份無聊工作；你明明做好某個專案的準備，但老闆偏要叫你重新開發客戶；你明明覺得自己有良好的工作績效，但卻沒有得到主管的賞識……其實，在抱怨別人的同時，你自己也有責任，你今天所面對的任何決定，都是你自己的選擇所造成的。也許你選錯了方向、也許你選擇的這條路必須要有所付出，還有可能是，你根本就沒有選擇。

你必須相信，人生的大部分時間，都可以為自己做出選擇。自己勇敢選擇和下決定，不將義務與責任推給他人，如此，你的人生才能真正掌握在自己手中。

所以，下次面對看似艱難或重大的選擇時，你不應該感到害怕或逃避。你要知道，在生活中，選擇無處不在。比如你辛勤工作一天，獲得三千元的收入，那麼你該如何花掉這三千元，其實就是你該做出的選擇。各式各樣的選擇，表面上看似不同，但正是這些細小的選擇，影響你長遠的人生。

在紛至沓來的選擇中，不斷做出正確的選擇，就會為你帶來成功。反之，不斷做出錯誤的選擇，你就會面臨失敗。想要成功，不僅一開始就要有正確的方向，才能有較高的成功機率。其次，還要堅持走完你選擇的路程。正如一句哲理名言：「既然選擇遠方，便只顧風雨兼程。」你應該懂得，支撐選擇的是你的行動，在明白你人生想獲得怎樣的結果之後，剩下的就是堅持。

回到那些成功者的選擇上，當他們選擇自己成長的方向後，表現出的並不是豪氣萬丈，而是面對逆境，堅韌長久的耐力和無怨無悔的執著。無論漫長的選擇路上有多少困難，他們都沒有放棄。

美國知名企業家傑克·威爾許（Jack Welch）從小口吃，曾當過球僮、賣過報紙；日本「經營之神」松下幸之助在不滿十歲，就從鄉下來到城市打工。二十四歲時，以一百日元的資金開始創業之路。而在創立松下電器之初，也只有三名員工；世界「石油大王」洛克斐勒則從小家境貧寒、難得溫飽，十八歲時被迫走上創業之路……

他們為何都能堅持下來？促使他們堅持的，並不是未來的榮華富貴，而是他們知道，自己選擇的路即使再難，也要走完。而對今天的你來說，或許你的能力和天賦，並不見得比別人出色，然而你一旦懂得任何成功都需要透過日積月累來打造，那麼忠於自我、忠於選擇，就會讓你在這條路上安然地行走下去。

◇從容優雅的人生，淡定坦誠的自我

禪學云：「舉步維艱，要把腳跟立穩；置身霄漢，更宜心境放平。」據說這句話是禪師在攀登險山時所留下的。簡單凝鍊的話語，既表達了登山時現實的感受和經歷，也影射了面對人生境遇時應有的態度。

每個人的人生，總會面臨進退波折與得失取捨，當你得意或失意時，總是容易暴露出那個「真實」的自己。而愈是在這樣的時刻，愈可能無法淡然自若。想想你在成功時，是否得意忘形，恨不得所有人都來關注你的收穫、你的與眾不同；而在失意時，你又是否氣急敗壞，覺得整個世界都對你不公平？但你有沒有想過，世界上沒有任何的絕對，而想成就目標，必須磨練心智，學會坦然對待人生不同的處境，練就自己淡然的人格。

我們常聽說，一個人的自信決定了他的成功，但自信更多來自於內心的坦然和從容。真正淡定的自我，才會有強大的內心，不在乎暫時的得失，而是具有開闊心胸，並獲得真正的勇敢。更何況，人的一生總會有高低起伏，無論是收穫還是失去、無論是低谷還是高潮，所有的一切，最終還是會到達終點。因此，你沒有必要將喜怒哀樂完全寄託在當下的得失上，應該學著看向生命的終極意義。

　　那些無法淡定的人，在面對成功或失敗時，都一樣無法接受事實。他們在情緒波動中，度過自己的一生。但如果能看透這些，就能經得起人生起落，成功時不會得意張揚，受挫時也不會消沉無趣，他們能夠做到寵辱不驚，且始終保持對自己的控制能力。

　　在人生最低谷時，要堅信自己的選擇，不要怨天尤人、自暴自棄。相反，在不同的工作中，要始終保持一貫應有的態度，投身在應該做的事情裡，一步一腳印地向夢想靠近。

　　你之所以經常疲憊不堪，不知道究竟應該選擇什麼，那是因為你的立場還不安定，始終被外界的一舉一動牽扯而行。當你再次覺得內心無法安定下來時，不妨告訴自己，一定要保持內心的穩定，才能擁有優雅、淡定的人生。

　　平和與堅持能夠讓你心靈安然。無論外界環境怎麼變遷，內心都不應該浮躁不安，而是沉靜下來，始終相信自己最初的選擇，並保持從容淡定的生活與工作態度。

　　追求心靈的穩定，還需要你在面對外界的無意傷害時，能夠不氣惱、不牽掛。必須承認，生活中來自外界的一些有意、無意的評論，很可能擾亂我們內心的想法，甚至對我們造成傷害。如果能將這些話「阻擋」於心外，就能讓心靈巍然不動、更加平和。這樣的人，不但能以快樂的心態生活，還能為他人帶來快樂，很多人都願意跟他相處。

　　下一次，當你遇到不愉快時，要懂得用更集中的智慧、更

深厚的修養去面對。即使別人冒犯你，你也依然保持包容心態。你會發現，在這樣的過程中，你收穫的不只是風度，還有內在世界的完善與美麗。

　　心靈需要堅實的防護，這樣的防護不是冷漠，而是從容。有穩定的心態，能夠讓你在物欲橫流的世界中保持清醒，能夠讓你在成敗交錯的路徑上確定方向。盡量做到讓自己心不動吧！你將會得到更大的收穫！

◇用最真實的面目面對朋友

　　人，的確活在現實的世界中，在這樣的世界裡，你必然生活在他人周圍，並在乎他們的感受。但你也應該知道，如果不能用最真實的一面待人接物，遲早會感到疲憊不堪。

　　看看那些即使面對最好朋友也無法展現真實面目的人吧！他們生活在這個世界上，無論獲得多大的成就，也無論外表如何光鮮亮麗，他們的內心或多或少都會覺得痛苦和疲憊。你是否也有這樣的感覺？與人相處時，經常言不由衷；在無形的言談中，經常表現出身不由己的矛盾和無力。之所以產生這種感覺，就是因為你一直活在他人目光中，你太在乎他人怎麼看、怎麼想，從而導致最真實的自我被深深掩蓋。想想你是否

因為戴上的面具而感到浮躁和茫然，一舉一動都多了點拖累的感覺？

與其承受這種壓力，為什麼你不能活出真正的自我？相信當你回到家時，就能卸下一切重擔與沉重的面具，因為能夠表現出真正的自我而放鬆。那麼，為什麼你不能擁有一定的社交圈，擁有真正可以令你放鬆的朋友呢？他們可以構築良好寬闊的空間，為你提供發展自我的良好機會。如果你曾有這樣的朋友，你就能明白，用最原本純真的面貌，可以換來最愉快輕鬆的狀態，而你期盼的那份從容淡定，也就會因此而到來。

不過，妨礙你表現出真正自我的因素，往往是你的思維定勢。很可能你喜歡憑自己的主觀想法，去判斷所有人，包括你朋友的喜好和厭惡，然後你會根據這樣的判斷結果，決定自己的言行舉止。

曾經有個學員，她講述了自己的思維習慣，引起很多人的共鳴。她說：「自己無論在工作中，還是在社交場合裡，都會覺得自己『想太多』。比如參加朋友聚會，有人大概覺得她的素養不錯，人也很時尚，就提出問題：『妳覺得 ×× 品牌設計師的新風格怎麼樣？』其實，她原本並不清楚這個品牌，但為了『維護』自己的形象，她就會推斷對方的想法，然後照對方喜歡的角度進行評論。」

漸漸地，她發現不僅面對朋友、客戶、主管，甚至親戚時，她都喜歡先察言觀色，然後再予以表達。這種生活方式，

讓她覺得很累，逐漸失去應有的自我，而內心也常因他人些許的評價就感到惶恐不安。

這位學員的情況並不少見，許多人都以為，學會先推斷別人的想法，然後再決定自己的言行，是一種「成熟」。殊不知事實並非如此。權威的「國際心理學測試機構」曾做過實驗，讓一定數量的企業員工觀察不同表情特點的人臉照片，然後詢問他們從表情中接收到的資訊。結果他們以為自己接收到的資訊，與照片上表達的資訊各自不同，甚至完全相反。接下來，心理學家又讓他們聽取幾段含義不明確的對話，然後請他們將對話所提示的事件背景分析、整理出來，測試結果也依然有很大差異。

這樣的實驗證明，在心理上，一般人無法完全說出別人喜歡什麼、討厭什麼。而你進行的猜測，很多時候都是白費力氣，甚至造成完全相反的結果。既然如此，為什麼要花費更多時間和精力去隱藏自我呢？為什麼不能以應有的真面目去對待朋友？要知道，隱藏自我所打造出來的虛幻形象，就像建立在沙灘上的建築，遲早會被海浪打翻、難以立足。

身為一個想要獲得幸福和成功的人，你應該讓周圍的人因為結交你這樣的朋友而感到安全、受尊重和自豪。為此，你不僅需要廣泛學習和吸收原本不了解的資訊，還應該保持自我特點，並懂得如何適時的展現自己。這樣，你才能獲得朋友的信任和喜愛。

在適當的時候，向你的朋友袒露內心吧！比如說說自己的心裡話，或是表達真實具體的態度意見，向他們展現你的真實世界。當你感到被朋友接受真實的自己後，就會更確認自我價值，能理性冷靜地面對周圍關係，也會更加願意認識新朋友，成為他們喜歡的交往對象。

活出真實自我，擁有本色人生，你才會更懂得自己的需求。你會發現，自己不再因為盲目而變得浮躁，能找對工作和生活的方向。你會因此更加幸福。

◇不要讓猶豫和後悔，浪費了人生時光

生活中，你常常會面臨兩難的選擇。在你面前，經常會出現兩個不同的機會，看起來它們各有各的好處，而選擇其中任何一個，都會覺得放棄另一個是可惜的。這樣，你會因此而猶豫，並錯過最佳機會。

西方「哲學之父」蘇格拉底的學生曾經問他：「人生究竟是什麼？」蘇格拉底沒有馬上回答，而是把他們帶到一大片麥田前，然後對他們說：「請你們從麥田間走過去，要從這頭一直走到那頭，但每個人只能挑選一次，選出自己認為最大、最好的麥穗。記住，不許回頭，也不許選擇第二次。」

學生們覺得很有意思，興高采烈地走進麥田，而蘇格拉底則到麥田那一頭等候。等學生們都出來時，他們的表情是尷尬的。有人說，自己本以為拿到的是最大、最好的麥穗，沒想到後面還有更大、更好的；又有人說，我與他恰恰相反，我一直以為後面的更好，結果卻始終沒有碰到。

一片抱怨後，學生們紛紛提出讓他們再試一次。但蘇格拉底卻嚴肅地搖頭，說道：「這就是人生，人生只有一次，同一件事不可能有第二次選擇。」

的確，當你選擇時，手中有可能握住的是失敗種子，也有可能是成功鑰匙；你有可能為未來選擇了不凡，也有可能選擇的就是平庸。但你要記住，沒有真正理性的分析，你選擇的最好時機就會耽誤，而猶豫和後悔，絕不可能讓你做出更好的選擇，也無法讓你做出的選擇變得更好。

不妨這樣想：你之所以會猶豫和後悔，其實是因為當初不同的選擇看起來都差不多。因此，在做決定時，需要的不是斤斤計較些微差異，而是能迅速發現最長遠的需求，然後果斷地進行判斷。要知道，正確的選擇時機，總是稍縱即逝的。同樣，在你選擇以後，也不應該再去關注原先另一個選擇的發展結果，因為那樣的選擇，不會是屬於你的。

不要以為成功者就不會面臨可能導致猶豫和後悔的局面。其實，正因為他們的事業更大，他們面對風險的機率就更大。「股神」巴菲特是世界上最成功的投資者，但也同樣是人，也

會陷入失敗局面。但和許多普通人不同，巴菲特不會在面對機會時猶豫，也不會在面對失誤時後悔。

2008 年金融危機最嚴重時，巴菲特曾接到一通邀約電話，一個重量級人物請求他以 250 億美元收購美國國際集團（AIG）的財產災害保險業務。但是，巴菲特毫不猶豫地拒絕了，他認為在當前的局勢下，自己不適合進行這樣的收購。後來事實證明，巴菲特做出這個決定，並沒有獲益。但他還是表示，對自己這樣的決定，他並不後悔──雖然沒有獲益，但他規避了不在計畫中的風險。

從世界富豪身上，我們看到了拒絕猶豫和不後悔的重要意義。拒絕猶豫，能讓我們更加集中注意力、審視問題和自己，做到在機會中進行更多的對比、更快的決定。而拒絕後悔，更能減少我們不必要的思想壓力，讓生活和事業能擺脫壞心情的影響。

在面對錯誤的選擇時，產生情緒上的懊惱是很自然的反應。可是你千萬不要沉溺於這種負面情緒中無法自拔。最明智的做法是，在懊惱之後，迅速調整情緒，忘記你曾經的選擇。畢竟，在你面前，是更加長遠的道路，有其他更多選擇，也有更多成功的機會。你應該擁有的是另一種心態──未來，我還可以利用自己的思想和行動去爭取，而不會讓過去再次重現。

總之，在你最初做選擇時，應該相信自己，不要猶豫；而

在選擇之後，則不應後悔。這樣，才是真正理性的態度。

其實人生的選擇，對錯並不是絕對的。唯一可以確定的是，那些當時你沒有做出的選擇，必然在當時有其不被選擇的理由。假如再給你一次機會，你有很大可能還是會做出相同的選擇。與其在選擇之前猶豫，在選擇之後後悔，不如善待自己，相信自己的選擇。

◇不驕不躁，以我的方式處理人際關係

善於交際的人，在面對人際關係時，能夠表現出令人印象深刻的態度。他們會在必要時進行良好積極的行動，而在不必要時又能及時地冷靜和淡然。其實，形成自己應有的方式去處理人際關係是非常正確的，很多時候形成和諧的人際關係，需要的就是你有別於他人的一句問候、一次揮手、一抹微笑、一個眼神……

相信每個人都知道人際關係的重要性，每個人一生的成長、發展和成功，都離不開人際關係的作用。而人的情緒變化，也會受到人際交往的影響。如果離開了人際交往，人生就會失去原有的意義，更不要說你的工作和事業了。

無論是誰，都難以依靠個人力量去奪取成功，如果一個人

可以用公平中立的態度建立人際關係，這樣的關係就是不驕不躁、融合和諧的，這樣的人就能得到幸福安然。相反，一個人即使再有才華，但性格過於自我，沒有人際關係處理能力，那麼他從人際關係中獲得的，很可能只有孤獨、自卑和重重顧慮。

由此可見，人際關係怎麼處理，對整體生命品質都會有很大的影響。

以下是兩位學員不同的人生發展軌跡。

小 A，外型很帥氣，上大學時擔任學生會會長。他口才出眾、成績優秀，受到很多同學的歡迎。在畢業之後，先進一家國營企業工作，但工作並不順利，之後又跳槽到另一家外商公司，隨後又跳槽到其他新公司……就這樣，他不斷更換工作，總是無法獲得他想要的賞識，也得不到大學時那種被崇拜的感覺。為此感到失望，不少認識他的人也覺得，他的能力出色，卻始終因為做人問題而沒有獲得好的機會。

同班級的小 B，雖然成績並不怎麼樣，但他做人踏實、努力。尤其是和別人相處時，不掩藏自己的想法，也喜歡為對方考慮，而且從來不會為人際關係問題顯得焦躁、憂慮。身邊的朋友都很欣賞他，願意在事業上幫他一把，為他提供機會。現在，他已經從一家大企業辭職，開了自己的公司，生意也非常興隆。

從他們身上，你應該受到啟發，「保持不驕不躁的態度，

才能建立和諧的人際關係」，這就需要你耐心經營人脈關係。在交往中，既要學會形成自我風格，也要懂得尊重他人。

我在課堂上經常用「君子和而不同」這句話引導學員，在人際關係的經營中，你有必要保持真實的自我，同時也應該學會尊重他人，只有你積極主動地和他人求同存異，才能擁有和諧穩定的社交圈。

具體來看，你應該怎麼做才能擁有和諧的人際關係呢？

首先，你應該明白，太過炫耀自我的人，很容易招致別人的嫉妒，造成人際關係的失衡。因此，你千萬不應該急功近利地表現自己，而是應該懂得收斂之道，在自己順利時，也依然用謙虛平和的態度面對所有人，拉近距離，並減少誤會。

比如，在今後的工作中，你要學習淡然一點，不要每件事都過度、積極主動地「搶著做」。雖然在許多「勵志觀點」來看，這種積極的態度是好的，但事實上，在許多現實的人際關係中，這種態度會表現出你全部的鋒芒，同時搶走他人的機會。你應當有所取捨，適當地放棄那些可有可無的「功勞」，換取利於自己的人際關係。

其次，為了減少無妄之災，你要懂得在生活和工作中拒絕感情用事，一定要懂得如何控制自己的脾氣，適當地選擇退讓。這樣才能獲得更多心靈的空間，也能贏得他人的好感。

切記，千萬不要在公開場合隨便發怒。即使你有充分理由表現急躁，但那樣意氣用事，也依然會造成別人的誤解，導致

在他人眼中，你變成難以相處的驕傲者。試著平靜、溫和一點吧！這樣許多矛盾就會消弭在無形之中。

人生追求完美很難，但追求和諧卻並非無法達到。擁有和諧安全的人際關係，會是你成功生活品質的保證。敞開心胸，做真實的自己，保持穩定的節奏，將能讓你從圓融和暢通的人際環境中，獲得更多裨益。

◇危難時，我選擇與誰患難與共

經過多年的觀察，我發現擁有淡定特質的人，很多時候也同時擁有淡定的朋友。這是因為他們能夠為別人帶來安全感，必然會擁有良好的人際關係。尤其是那些能夠穩定控制自我人生的朋友，會更願意支持和陪伴他們。

如果你只會把朋友當成「事業資源」來經營管理，那麼即使你表面上很成功，但卻不一定能從人際圈中獲得快樂。如果你能真正了解自己的人際關係，懂得哪些人最值得你信任和依靠，那麼或許你會更加珍惜你最好的那些朋友。

曾有學員對我建議的這種人生姿態提出不同看法，他們認為朋友就是朋友，不能劃分。但我的反問，讓他們恍然大悟：「如果你不區分朋友，那是不是所有人都能成為你的朋友？」

　　你必須學會對朋友進行劃分，這種劃分不是基於你現實的短期利益，而是需要面對你內心的真實需求。不論你是否意識到，你都會更願意選擇那些最接近自己內心的朋友，而他們的表現，實際上也反映了你的真實自我。

　　在一次課程上，我帶領學員們進行活動。請他們寫下和自己關係最好的五個朋友，並記下他們的月收入，然後推估學員們的收入。活動結束後的測驗結果，果然很準確。

　　我向學員們解釋，你願意選擇和怎樣的人患難與共，就等於選擇了怎樣的生活；你選擇和怎樣的人共同創業，就選擇了怎樣的事業。透過觀察你最好朋友的收入，基本上也就能推斷出你的收入了。就像林肯說過的一句話：「從某種意義上說，你選擇怎樣的朋友，就選擇怎樣的人生。」一個人選擇怎樣的朋友來共同承擔壓力、面對環境，就會相當程度影響他們自身的習慣、品德、知識和能力。正因如此，你更應該在選擇朋友時，建立自己應有的標準，在朋友的支持中確認真實的自己。

　　印度傳教士馬丁，他的生活和事業的變化就相當程度受到朋友的影響。在上中學時，馬丁是個資質平庸的學生，但他父親還是堅決讓他去劍橋大學讀書。在那裡，馬丁驚訝地發現，自己的一位中學同學居然成為助教，且負責指導他的課業。

　　因為年齡相近，馬丁和這位同學迅速拉近關係。馬丁學業成績還不錯，但性格卻經常表現出容易激動、暴躁和憤怒的特點。而每當遇到課業困難、情緒波動時，他就會找這位過去的

同學、今天的指導老師討論，甚至是發洩情緒。好在這位朋友很有耐心，總是指導和勸勉馬丁，幫助他平穩情緒、認真學習。有了這樣的幫助，馬丁在課業和做人處事上進步很快，還獲得全年級第六名的好成績。直到畢業以後，馬丁成為印度著名的傳教士，為自己的信仰做出無私的貢獻。

想要保持良好的自我，你就應該像馬丁那樣，選擇良好的朋友。不要選擇和那些庸俗市井小民交往，他們很容易讓你感到前途黯淡，形成負面的自我評價，也不利於正確地處事和工作。這種精神狀況，對你保持淡定安然的自我態度，是最致命的。

相反，你要學會和比自己更聰明、優秀，且更能控制情緒的人相處和交往，他們或多或少能夠感染並鼓舞你，讓你意識到自己的錯誤，同時，你也會因為他們的影響，而開始自我的提升之路。

當然，選擇誰來支持和陪伴你，並非固定不變的。因為時間不斷延續，環境不斷改變，人心也在不斷變化。隨著你所面對的一切都有所改變，你對朋友也會有更為深刻的了解。在你和他們交往的過程中，不能只看表面，而要善於觀察和分析，掌握好每個人的變化。這樣，對於該深化的友誼，應該及時深化；對於該淡化的友誼，也應該及時停止。只有把握原則，我們才能確保在永不停息的變化中，找到真正支持自己的正能量。

　　支持你的人愈多，你當然會感到愈充實。但你不能跳過選擇的這一步，正如不能尋求無本之木、無源之水。你應該從一開始，就挑選那些能為你帶來正能量的人當朋友，和他們互相扶持，那樣的結果，將強於你個人能力所帶來的發展。

Chapter8
感知幸福與遺憾：感恩‧原諒‧坦然

　　人生，充滿幸福，也充滿了遺憾。不要因為一時的痛苦和挫折，就忘了也要享受幸福；也不要因為眼前的快樂和成就，便忘了人生難免有遺憾。無論面對幸福、還是遺憾，我們都應當以一顆感恩的心，感謝人生充滿如此的際遇，學會盡情享受生活中的種種，也學習接納、原諒生命中的種種。那樣，我們就將因為樂於感知而獲得心靈與現實的平衡。

◇別走得太快，讓幸福跟上來

從大學畢業以後，你看著城市的繁華，看到身邊許多人都在不斷努力，而你奮鬥了幾年，可能工作穩定下來，也開始有房、有車……

在別人眼中，你的生活可能正朝著幸福的方向奔去。可是，你真的幸福嗎？我看過一份調查報告，是針對那些在他人眼中算過得不錯的「中產階級」，在他們看起來很幸福的表面下，卻有著只有自己才知道的辛酸。根據統計，在那些經濟發達的城市，人們的幸福指數反而很低。別人眼中的幸福，似乎只是一種虛偽的表象。

為什麼會產生這種情況？客觀上，沉重的房價和物價、激烈的職場競爭、日益惡化的自然環境、壅塞、混亂的交通狀況等，都是你為了獲得看似精彩的生活，而必須付出的成本。付出這些成本，你有多辛苦，犧牲多少時間，恐怕連自己也難以計算得清。伴隨這些，就是你愈走愈快的步伐，是你愈來愈苦悶壓抑且孤獨無助的心靈。

其實，隨著工作和生活的節奏不斷加快，對幸福的感受能力也逐漸下降。雖然表面看起來幸福，但實際上內心卻很可能害怕眼前掌握的東西，稍不留意就隨時會失去，或對未來產生更大的擔憂。

　　為什麼節奏加快，就會導致幸福感降低？從心理學角度分析，這並不奇怪。

　　人一輩子在不停追求並實現欲望，比如成就感、金錢、社交等，而實現其中一個欲望後，在新的欲望還沒有產生之前，此時你所感受到的，就是最大的幸福狀態。但如果生命的節奏太快，一個欲望滿足之後，另一個欲望很快就產生，這樣你就沒有時間去感受應有的幸福狀態。反之，由於總是在追求欲望，愈來愈多的壓力無形中就會帶來焦慮和恐懼。

　　節奏太快並不是什麼好事。沒錯，正如印第安人的古老格言：「走得太快，靈魂就會跟不上」。如果我們不懂得休息，不知道自我調整工作和生活的節奏，就不懂得思索和學習，體會不出人生的價值。我們必須明白，不是始終努力奔忙，就一定能創造更多價值；不是在物質上創造的財富更多，就能換來更大的幸福。你應該做的，是讓自己沉澱下來，用心去體驗生活、創造幸福。

　　在美國舉行的一次筆會上，有位女作家坐在一位匈牙利作家身邊。女作家衣著簡單、沉默寡言。男作家瞥了她一眼，認定她一定只是初出茅廬的小角色。於是，他帶著驕傲的口氣說：「請問小姐，您是不是作家？」女作家回：「是的，先生。」男作家再言：「那麼，您寫過什麼書，能否讓我拜讀一二？」女作家又回：「我只寫過小說，也談不上是大作。」

　　言已至此，男作家更加相信自己的判斷：「原來您也是寫

小說的，那我們是同行啊！我每天都投入寫作，已經寫了十幾年，出版上百部小說啦！請問您出版了幾部呢？」

女作家謙和地說：「我寫東西很慢，只出版過一部小說。」

「哦！只有一部啊！那叫什麼名字？」出於禮貌，男作家覺得自己應該問一下。

「叫做《飄》（*Gone with the Wind*，又譯《亂世佳人》）。」女作家平靜地說道。

這位女作家，就是瑪格麗特・米契爾（Margaret Mitchel），一生只寫過這一部小說，卻在世界文學史上，留下輝煌的一筆。而那個時代出版大量作品的人，卻有很多已經被歷史遺忘。

可見，走得快、創造得多，並不足以帶來幸福，也不足以評估人一生的價值。走得慢其實不要緊，只要你將一輩子的精力放在一件事情上，將這件事情做好，同樣能獲得他人無法企及的幸福感。

身處在怎樣的社會，我們難以選擇，但我們可以選擇和以前不同的態度去面對。這個時代資訊量太多，事情也太多，如果你選擇終日奔跑，就會被世界拖累，太多的世俗，會霸占你心靈的全部。如果適當鬆綁心靈，可以幫助你釋放來自內心的壓力，保持心態的平衡，超然且通達地面對人生。

你不應該認為自己沒有時間放慢腳步、品嘗生活，也不需要過度壓縮時間來應對繁瑣的事情。生活偶爾需要你學會妥

協，而幸福的感知又需要一顆空閒的心靈。記住，不要讓自己的心靈被放逐，不要讓自己走得太快，每當你感到迷失時，就請停下腳步，讓自己辨明幸福的所在。

◇沉默的父母，永遠站在我的身後

能夠來到這個世界，我們最應該感謝的，是自己的父母。

你可以回憶一下，小時候，父母無時無刻不在關懷著你，除了不斷打拼賺錢，還要悉心照料你的衣食住行，並供養你上學，為你的心靈成長創造更好的條件。在你最幼稚、最無能力自理的童年階段，父母並不會因為繁忙，就拒絕關心你，或遠離你，他們不求回報地呵護著你，直到你長大，並有能力遠行。而到了今天，無論你走到哪裡，他們的心仍然隨時牽掛你；無論你遇到什麼挫折，他們依然會站在你的身後支持你。

反觀你走入社會、進入職場後，是不是在忙碌工作中，忘記曾經養育、陪伴你的父母？忘記站在你背後支持你的父母？很多人離鄉背井到大都市工作，除了偶爾的電話問候外，就只有難得的長假，才能回到父母身邊，和他們之間那種從小就擁有的親密感，也逐漸淡薄，甚至消失。在面對父母時，你很可能會和許多人一樣，有著「成熟」的想法，認為自己已經獨

立，能在社會上生存了，不需要再受父母約束了。在這樣的心態下，許多人不知不覺對父母失去原來的依靠和該有的尊敬。

或許，在你和其他人看來，疏離父母是一種成熟的表現。然而，你不清楚的是，無論何時何地，父母始終都在默默地支持你，兒女的忽視，會對他們造成很大的傷害。

清華大學教授程曜，從小是家裡最優秀的孩子。1998 年，他的母親因為一輩子操勞，不幸罹患腦部栓塞而病倒，妻子覺得可以出一筆錢，將母親送到療養院由專業護理人員照顧，但程曜並不同意，他堅決要自己奉養母親、照顧母親的晚年。不管妻子如何反對，程曜還是不願意送母親到療養院，結果夫妻兩人最後走上離婚之路。

2008 年，母親的身體日漸衰敗，連話都說不出來了。他在每天上班前、下班後，都會到母親床前和她說說話、拍拍老人家的頭，親切的打個招呼。母親也會向他微笑，表示支持和回應。因為要照顧母親，他從來沒有出國進行學術交流，況且母親身體一旦不好，他還必須向學校請假在家照顧。可是他從來不覺得這是負擔，反而覺得只要母親還活著，還能對自己微笑，就是最大的支持，別無所求了！

俗話說：「久病床前無孝子」。程曜之所以能對母親如此不離不棄，是因為他始終銘記母親當年是如何養育、支持他的。其實，孝順父母，不一定要像他這樣親力親為，但你必須記住，父母對你來說，始終是內心的依靠，而你也同樣應該是他

們的依靠。

正因為有血濃於水的親情，父母既不會肆意誇耀、表現他們的支持，也不會奢求太多回報，大多數父母只希望子女能幸福安康。意識到這一點，你才會感受到幸福的真諦，和父母對你的關愛有緊密的連結。更不可否認的是，父母總有一天會老去，他們會和社會、流行逐漸脫節，會和你產生愈來愈大的鴻溝，甚至會出現偏執等行為。但即便如此，你也要堅持不去傷害父母的感情，不能對他們的支持和關心表現出拒絕或厭煩。

回想一下，你是否發現，你在內心深處的確很愛父母，但在言行中卻總是無法合適表達，時而刻薄，時而封閉？當你了解父母的支持之後，就應該對他們和顏悅色，在語氣和表情上永遠保持謙和。為此，你不妨從以下幾個方面做起。

一、你應該訓練自己在面對父母時，有控制情緒的能力。當你和父母有不同意見時，應該保持冷靜。尤其是自己在外面因為失敗、挫折或委屈等導致心情不好時，更要控制自己的情緒。在和父母溝通、交流前，應該先深呼吸，聽聽喜歡的音樂，緩和一下心情，這樣才能確保自己不會因為一時的負面情緒而傷害他們。

二、你應該學會正確尊重父母。每個人在社會生活中，多多少少都會適時地克制自己的情緒，但父母和孩子在家庭中接觸，難免會因為過於熟識而隨便、輕忽，忘記該有的分寸。因此，你或許也會和許多人一樣，在面對父母時不太注意態度，

想到什麼就說什麼。但你必須明白，對父母的尊重，是構建良好心態的基礎，也是獲取幸福的重要途徑。

三、你應該學會理解父母。不論你年紀多大，在他們眼中，你始終都是孩子。雖然他們老了，沒有太多能力以實際行動幫助你，但他們在內心的關愛，總會透過嘮叨表露出來。對這樣的嘮叨，你不應厭煩，還是應該將其視為最寶貴的支持，以避免隔閡的產生。

父母始終是我們堅固、信託的避風港灣，是我們的支撐，學會讀懂父母對你的愛，你會發現，他們的疼愛是你幸福的重要源泉。

◇世上沒有理所當然，感恩身邊的每一個人

在課程上，我曾請新學員們寫下，他們對成功聯想的詞語。大多數人都寫下金錢、名譽和地位。將這些詞語公布後，我請新學員們閉上眼睛回想一下，要透過怎樣的過程，才能得到這些？經過思考後，大家一致認為，這種成功需要透過戰勝他人才能獲得的。

換而言之，一般的「成功學」總認為，想獲得成功，就需要戰勝他人，獲得與眾不同的優越感。但問題是，這種傳統的成功學，一定能為你帶來幸福嗎？

答案是否定的。

姑且不說在通往這種成功的道路上，你需要付出多少努力、承擔多少痛苦。即使你已經實現了這種成功，你就一定會感到幸福嗎？事實證明，當社會意義 —— 即他人眼中的成功 —— 實現之後，許多人依然會感到厭倦，因為他們始終在追求自己的價值，和別人不斷競爭。在他們心中，愛和同情心被忽略了，而內心感受到的只有矛盾和鬥爭。

社會眼光中的成功，不一定代表幸福。學會在競爭中獲勝的同時，也要學會感恩他人。

在一次授課的過程中，我請每個學員寫下自己最想感謝的名單，然後請他們透過演講的方式，反思為什麼需要感謝他們。結果，學員們紛紛開啟了自己的感情閘門。有人在臺上深情地回憶師長曾經給過的幫助；也有人感謝主管用嚴格的要求，成就今天的自己……透過這樣的練習，幫助學員找到感恩他人的途徑，調整了心態，也認識了新的自我。

社會與自然界一樣。在自然界，任何生物圈都必須相互依存，沒有脫離其他生物而存在的動物。同樣，不管是父母、師長還是愛人、朋友；不管是老闆、同事還是客戶、下屬；甚至是不曾謀面的陌生人，其實都提供給你不同的支持和幫助，為你更好的生活而服務。

你若能明白這個道理，就會知道社會對你的投入，並懂得積極感恩他們，甚至感恩於苦難和逆境。相反的，如果你不懂

得感恩，就會失去許多那些看起來平凡普通的東西，到最後，連自己應有的，也會丟失。

記得多去對那些曾為你付出過的人說聲謝謝，對他們心存感激。無論他們的付出是主觀的、還是客觀的，你都應該用感恩之情去滋潤彼此的心田。這樣，人們就會發現你更加親切、隨和，也會有更多人因此而參與你的人生。

記得要為你的感恩多承擔一份責任。在社會中，人和人是相互支撐的，你的生活和工作離不開他人的付出，同樣你也需要不斷努力，才能肩負起你在社會與家庭中的責任，為他人貢獻自己的力量。這樣感恩才不會是一種煽情、虛偽的態度，而是真切的行為模式。

切記，要始終保持良好的心態去看待別人，這樣你才會意識到感恩帶給你的長遠的內心平衡。

美國前總統狄奧多・羅斯福家裡曾遭小偷，損失不少東西。有朋友聞訊後，趕緊寫信安慰，希望他不要太在意。羅斯福在回信中說：「親愛的朋友，非常感謝你能來信安慰我。我現在內心很平靜，而且我要感謝上帝。這是因為：第一，小偷只偷走我的東西，但沒有傷害我；第二，小偷只偷了我的一些東西，並沒有偷走全部；第三，最重要的是，感謝世界，當小偷的是他，而不是我。」

在現實生活中，沒有人會感恩小偷，而財物丟失也是不幸的事情。但人們應該怎麼對待這種事情？是捶胸頓足、謾罵小

偷、抱怨社會治安，乃至詛咒世界，還是以淡定的心態接受已經發生的事實，然後從中找出值得慶幸的因素，從而更快恢復正常的心態去面對工作和生活？從羅斯福的態度中，你應該學會如何真正地用感恩心態看待他人。

正是感恩，能讓你在快樂時發現源泉；在失敗時看到慶幸；在不幸時看到希望；在孤獨時看到溫暖。當你因為感恩而對世界付之以微笑，世界也就會換一種溫馨的表情迎接你，撫慰你心中的不安，幫你擺脫痛苦的糾結。

學會珍惜眼前的每一份收穫吧！要記住，不論是甜蜜還是難堪，都是生活給你的餽贈。在這樣的餽贈背後，有無數人在幫你鋪平生活的道路。不論是鐵路、公車司機，或是深夜還在辛勤工作的電力維修工，或是醫院裡忙碌疲憊的護士，或清晨馬路上的清潔工……他們雖是陌生人，但我們的生活中，無法缺少他們的貢獻，更不用說每一個與你關係緊密的人。請找到機會，對他們真誠的說一聲：「謝謝！」

◇善於忘記，善於原諒每個人、每件事

人生是短暫的，誰也無法保證在這麼短暫的人生中不被傷害。為什麼要因為傷痕而糾結、陷在煩惱中？為什麼要讓記憶

一直沉溺在痛苦中？原諒傷害過你的人，就像原諒你自己那樣，讓心靈得以放下負擔和解脫痛苦，更加輕鬆地面向未來。

原諒那些傷害過你的人和事情，不僅是為他人著想，也是為了你自己可以快樂地度過生命的每一天。那些釋然的人，會平靜地面對不同的傷害，並學會原諒，從而在傷害中記取經驗，得以成長。而那些苛刻的人，只能一直停留在原地，抱怨那些對不起他的人、事、物，且因此而迷茫不前。

只有學會淡忘和寬容，你才能真正對過去放手，嶄新的自我將會讓你感覺更加幸福。

原諒他人是中華民族的美德，也是當今社會得到更大、更強人脈支持的重要因素。接著來我們看看以下這個故事所帶給我們的啟示吧！

中國北宋時期，名臣呂蒙正從來不把別人對他的過失記在心上，因此獲得「雅量」的讚譽。據說，他剛擔任宰相時，某次上朝，有官員在轎子簾後面指著他說：「這個無名小輩，怎麼也能當宰相？」周圍的人都聽見了，流露出憤憤不平的神色，但呂蒙正卻像什麼都沒有聽見，直接走了過去。後來，有人問他，為什麼當時不去查問究竟是誰說出這麼不敬的話，呂蒙正的解釋卻很有說服力：「假如知道了他的姓名和職位，恐怕一輩子都忘不了。但如果不知道，就不會去查問，對我又有什麼損失？」

的確，一個人想要成就事業，就需要有能容納他人的雅

量。若不想活在陰影中，也要學會適度的忘記。當你擁有寬大的度量，將會為自己新增成功的籌碼。倘若為人斤斤計較，總是把他人對自己的冒犯牢記在心，勢必會想著如何報復或打壓他，這樣你怎麼有時間和精力去發展自己的事業呢？

呂蒙正原本可以利用權威去打壓對方，但他之所以不這樣做，正是因為上述理由。而在客觀上，也表現出自己的大度，贏得更多人的好感。

的確，這個世界上會有那些不公平的傷害，有時這種傷害看起來就像一道道疤痕，即使傷口已經癒合，但那種被傷害的感覺，令人難以釋懷。那個傷害你的人，更會被你當成罪魁禍首而始終詛咒。

建議你要從另一個角度思考，即使你一生都在記恨，你又能獲得什麼？會感到快樂嗎？會因而忘記那種曾經的痛苦嗎？絕對不會。相反，在經過上述的訓練之後，許多人發現，只有在相互合作中提醒和幫助自己忘記，從腦海中抹去那種痛苦的記憶，你才會真正快樂起來，並客觀評價那樣的傷害。

千萬不要讓自己的內心成為情緒垃圾場，問問自己，你是否每次都會有意無意地將被傷害的感覺放進內心？這些感覺包括他人無意的過失、好朋友的背叛、空穴來風的傳言、競爭關係中所產生的誤會……一旦你將這些負面情緒全部概括承受、裝進心中，最大的傷害還是來自於你自己，別人或許只是讓你的利益或尊嚴受傷，但你卻讓負面情緒填滿心靈。有這樣的心

靈，你怎麼能活得快樂輕鬆？相反，你不僅會因鬱悶而疲憊，還會因為內心的負面情緒不斷發酵、擴大，而導致失去平衡。在關鍵時刻，這種失衡狀態，可能導致你日後鑄成大錯。

其實，許多人並不是不知道原諒他人的重要性，但苦於缺乏良好的方法，帶領自己走出來。而想要做到這點，首先你要學會看懂自己的「不原諒」。你應該學會與憤怒的自己談話，問問自己：你為什麼不願意原諒？你究竟在這件事情上，還想浪費多少時間和精力？然後，你再等待自己給出答案，並嘗試破解這樣的回答。終有一天，你會發現，那個怨恨他人的自己，正在不斷縮小；而那個主張和解的自己，卻在不斷成熟和長大。

從心理學來看，不願意原諒他人，更可能是你自我意識過大的原因，你時時刻刻都看重自己的感受，缺乏站在他人的角度去看待事情的本身。想要讓自己學會寬容，在面對別人的錯誤時，你應該學會善用說話藝術，先旁敲側擊讓別人感受到你的看法，當他們接受後，自然也會和你平心靜氣地溝通。另外，你也要學會透過將注意力轉移到其他事情上，來減緩內心的自我意識，如果是重大的損失，應該先考量如何降低虧損，這樣也可以幫你盡快走出陰影。

忽視別人的錯誤，意味著可以更關注自己；忘記自己受到的傷害，能讓你遠離煩惱而獲得快樂。不要讓你的人生變成你死我活的戰場，那樣將會兩敗俱傷，只有懂得和諧相處，懂得真誠原諒，內心才能得到更大的平衡與發展。

◇回味幸福，感恩才能贏得所有

你覺得自己幸福嗎？也許很多人持懷疑態度，但你們應當明白，能生活在世界上，享受陽光、空氣、水，聆聽風聲、雨聲、浪潮聲，都是莫大的幸福。幸福與否，不僅在於是否懂得在成功時把握幸福，更在於你是否懂得在平淡時回味幸福。幸福固然是一種透過奮鬥才能獲得的結果，是一種美妙的狀態，但幸福同樣也是一種心靈可以感受到的快樂，是值得回味的經驗與感覺。

既然幸福需要珍惜，那麼我們應該如何珍惜地享受？享受幸福，意味著在任何時刻都積極面對。當成功、榮譽和財富來臨時，你應該盡情、恣意的享受，讓你藉由辛勤奮鬥而獲得的豐碩成果，能夠帶給你心靈充足的寬慰和快意。當你重新踏上征途時，你也要學會回味以前的幸福時光，如此，你的心情就會因為回味和珍惜，而變得更加愉快，就算身處困境，也會積極樂觀，從而順利地迎接下一次挑戰。

沒有人可以每天生活在幸福中，即使是世界上最成功、最富有的人士，也都會經歷生活的高潮和低谷，但只要你懂得回味和珍惜，你就會發現一切仍是那麼美好。

你要相信，即使你只是一般普通人，你的生活仍然過得充滿精彩。我曾帶領學員們在〈感恩的心〉音樂聲中閉上雙眼，

默默回顧自己的一生。在冥想中，他們發現時間總是不停地流逝，而自己的生命不應該處於長期的等待之中。

相反，品嘗人生不同的滋味，更能看待自我的每一刻。你的學生時代很燦爛，因為你擁有塑造自我、學習世界的單純時光；你的職場生涯很精彩，因為你為了美好的未來，正積極打拚、努力著；你戀愛的過程很美好，因為愛情不僅有花前月下的甜蜜，還存在著自我認知的契機；你的婚姻生活很幸福，因為家庭帶給你新的責任、新的體驗，讓你更能讀懂原本未知的世界……

透過這些冥想練習的過程，學員們終於明白，以前人人都想要犧牲現在的快樂，彌補過去的損失，然後獲得未來的期待。但這樣的生活，永遠是在不停追逐未知。你永遠掌握不了什麼確定的事情，也難以有踏實的感受。

生活總是不停變動，環境也總是難以完全預測。在現實生活中，有些突發情況，經常會讓你感覺唾手可得的成功愈來愈遠，這種心理上的未知感，只有透過回味幸福才能戰勝。

「佛經」上有一個故事。某天信徒找到臨濟禪師，問：「人們都說信佛能度人，我信佛這麼多年，卻始終沒有感到幸福和快樂，這是為何？」

臨濟禪師淡然地問道：「那你如今在忙些什麼？」

信徒回答：「我為了門第能夠振興、為了家人可以風光，總是在殫精竭慮地操勞著，終日忙得暈頭轉向。」

禪師微微笑道：「那就對了。你眼裡看到的，心裡發現的，都是苦惱。又怎能看到幸福和快樂？」

信徒聞言，終於頓悟，叩謝而去，從此專注於品嘗幸福、感恩現在。

一個人無法精準預測未來。因此，不要吝惜自己對過去的回憶，不要覺得過去的一切都是無所謂的。否則，你會有愈來愈多的遺憾，也會有愈來愈多的後悔。不管你是否承認，生命之河總是奔騰向前，不會因為你而停留。與其將幸福寄託在自己做好某件事以後再去享受，還不如把握生命每一個感受幸福的滋味。不要總是對自己和別人說「等我鬆口氣」或「等事情過去」，而是積極地享受那些易逝的時光。讓生命中每一件美好的事情，能出現在你身邊。

人生就是如此，你想要把握今天的美好，就要擁有一雙能夠發現美好和快樂的眼睛。擁有這樣的眼睛，首先你應該讓自己的心境能快樂和幸福起來。想想看，為什麼孩子和寵物總是快樂的？那是因為他們的心境是單純的。你要學會放下過多的煩惱和思慮，避免陷入複雜的思考和心境中。如此，你的單純會讓你更敏銳地發現當下的幸福。

正如美國「鋼鐵大王」查爾斯‧施瓦布（Charles Schwab）曾經強調：「他的微笑價值百萬。」其實，微笑對每個人的心境都非常重要，因為微笑可以打動他人，也能打動自己，這樣，你才會具有發現幸福的積極態度。

　　幸福來自於你懂得珍惜和感恩的心。這種珍惜是平淡和樸實的，存在於你對細節的發現。只要你用美麗的心情去看待生活，就會發現幸福時時刻刻伴隨著你。不要再去追尋快樂了，只要把握當下、認真工作，你就會是快樂的；只要有一個乾淨整潔的家，你就會是滿足的；只要擁有一群談得來的朋友，你就會是滿足的；只要有屬於自己的職業舞臺，你就會是幸運的。面對這樣的生活，何處不值得你駐足微笑，享受當下？

◇原諒過去，坦然面對遺憾，感知未來幸福

　　遺憾總難免存在。有學員問我，為什麼人生中總是充滿遺憾。但我則問他，為什麼人生中不應該有遺憾？遺憾的事情在我們每個生命中，都有一席之地。許多事情，做了也遺憾，不做也會遺憾；許多人，你遇見之後會感到遺憾，但若錯過，也會遺憾；許多話語，說出來會感到遺憾，不說出來也會感到遺憾。正如同生命永遠不可能是完整的、圓滿的，遺憾也總是在所難免、不可避免。

　　當然每個人都希望自己這輩子沒有任何遺憾，誰都希望自己能夠做對每個選擇，達到自己每一次預期目標。但是，這當然只能是一種美好的想像。我們不可能達到每一個目標，也不

可能做對每一次選擇，而面對過去，有遺憾也很正常，這意味著能開始積極自我剖析並反省。

但問題是，如果你緊緊抓住遺憾不放，難以走出過去的陰影，就相當愚蠢了。回想你是否出現過以下這種情況，在錯誤面前，羞愧萬分而一蹶不振；或因為他人的眼光而自暴自棄……其實，面對過去，你應該做出的決定是放手，而不是將它們帶到今天。你為什麼不去好好把握現在和展望未來，卻將最好的時間浪費在對過去的遺憾中呢？

錯過了就不要遺憾，因為遺憾無法改變現實，只會讓未來遭遇更大的陰影。

美國前第一夫人希拉蕊（Hillary Clinton）在 1969 年大學畢業後，考取耶魯大學法學院。當時的她穿著打扮相當樸素，還戴著厚厚的眼鏡。然而，她積極參加學校活動，無論學業和鍛鍊，都對自己要求嚴格。這樣的努力態度，很快吸引同窗柯林頓（Bill Clinton），日後他們走進婚姻的殿堂。

在柯林頓準備競選州長和總統時，希拉蕊開始重新塑造形象，她摘掉眼鏡，穿上價格不菲的套裝，還染了頭髮。1996 年，柯林頓終於入主白宮。

然而，生命並沒有完全一路順風，遺憾的事情還是發生了。柯林頓的醜聞傳遍世界，而希拉蕊這位著名的女強人，似乎顏面無存，各式各樣的評論紛至沓來。有人說他們的婚姻根本是個交易，還有人質問她為什麼不離婚。

　　當時希拉蕊對外並沒有任何回應，後來她在回憶錄中寫道：「我們擁有共同經歷的歲月，共同撫養女兒並贍養父母，擁有共同的好友、信仰，對國家有共同的義務……」隨後，希拉蕊依然維持婚姻，並積極參與新的政治生活。

　　在希拉蕊的生活中，有常人所無法容忍的過去，但她選擇原諒，為開創新的生活與事業積極、努力。的確，人生百年，孰能無憾？不論是主觀或客觀造成的遺憾，你一定要學會將它視為財富，並從正確對待遺憾開始感知未來的幸福。

　　在課堂上，我這樣訓練學員們去面對遺憾、感知幸福的能力。

　　我帶領學員閉上眼，然後將燈光調暗，使課堂上的環境變得更加安全親密。接著再帶領他們深呼吸，然後釋放出自己的緊張壓力。同時請學員們想像自己走在寬闊的草原上，穿過一條小路，經過草原，然後來到一處寬闊的山谷。在那個山谷中，有不可思議的廢墟，走進去，才發現那是他們每個人生活的廢墟。

　　在廢墟中，他們撿起一樣又一樣的東西，每一件都代表一個遺憾。有的可能是結婚證書，有的可能是一份禮物，還有的是童年的玩具，有的是讀書時的課本，有的是家人相片，也有的是一封遠方友人的信件……這些東西都代表了種種失去之後的遺憾。

　　音樂聲中，我建議學員們想像將這些東西貼近胸口，留意自己的心中是否有傷口？又是否能透過放下而忘記遺憾？繼續問問

自己，什麼樣的遺憾讓你受傷和失望，你是否下定決心擺脫？

想像中，順著廢墟走下去，學員們還會看到別人，那是自己在他人生命中造成的遺憾。我提醒學員，你曾經讓誰失望了？你破壞了和誰的約定？你讓誰不再信任你？你不妨將這些有關的對象同樣放在心中，去感受那份痛苦。

最終，學員們想像自己走過廢墟，依然拿著那些東西，不管走到哪裡，它們都會發出照亮天際的光芒。我對學員們輕聲說道：「你來到另一邊的山頂，看到在新的山谷中，聚集了許多人，你要和所有關心的人，一起共同面對這些東西，你看到他們的微笑，並發誓要和他們共同開創美麗的未來。」

在溫柔的音樂聲中，學員們結束了冥想。經過這樣的自我訓練，學員們多數都能放下過去的遺憾，並有更大的勇氣面對未來。那麼你為什麼不嘗試自己在安靜的時刻和地點進行訓練？很有可能，這樣的訓練是改變你未來的關鍵鑰匙。

◇幸福時，給自己寫一封遺書

面對死亡，東方人和西方人的觀念有所不同。在西方人的眼中，不論面前情況如何，未來始終充滿挑戰，而不管發生什麼事情，他們都能夠提前做好思想準備 —— 即使是面對死亡。

　　反之，我個人的經驗也好，文化比較研究的結果也好，都能說明華人不太關心死亡。你身邊許多人，也包括你自己，都會覺得所有的不幸都是他人的故事，一定不會發生在自己身上。由於心中沒有恐懼，因此，你總是或多或少地虛度光陰、蹉跎歲月。

　　心理學家皮爾斯·斯蒂爾（Piers Steel）曾研究發現，年長者比年輕人更容易感到幸福，而工作或生活的效率也會更高。這是因為，年紀大的人離死亡更近一點，他們覺得自己不能拖延，愈是臨近生命的終點，面對未來就越發坦然。這時候，他們會為之前沒有重視的事情而全力以赴。

　　為什麼你卻依仗著年輕而荒廢光陰？若你將日後的每一天當成世界末日來對待，你自然會珍惜眼中的一切，即使這些東西看起來是平常而普通的。雖然如此，現實生活中，恐怕還是難以做到，關心眼前是許多人的思維習慣，哪怕即使在不久之後，發現自己曾經選擇的道路是幼稚和可笑的。

　　我帶領學員們做過這樣的冥想，試著想像自己在繁忙的工作後，獲得度假休息的機會，終於踏上飛往夏威夷的班機。然而，就在飛行途中，雷暴襲來，飛機導航失靈，片刻間面臨機毀人亡的危險……

　　此時，你還有十分鐘寫一份遺書，你會寫給誰，會寫哪些內容？

　　正是這樣的訓練，讓許多學員面對自己「生命的最後一

刻」。他們在遺書中寫了自己的心聲，有人表示自己不應該為過去的遺憾而浪費生命；也有人表示希望家人可以幸福地生活下去；還有人留言表示已經原諒所有自己曾經怨恨的人……在一份份的遺書中，我看到了許多人內心對幸福的渴望、對曾經浪費生命的悔恨。

那麼，這樣的遺書是不是更應該在你覺得幸福時寫下來？當你感到自己處於人生中最快樂的狀態時，應該做的不僅是陶醉，更應該是對心靈世界的沉澱和冷靜，而將這樣的幸福視為最後的時光，你會越發冷靜和理性，越發珍惜和平和。

其實，你也可以嘗試自己在家進行這樣的訓練，如果你能多進行幾次，就會從遺書中，讀懂內心的渴望和期待，清楚什麼才是你幸福的關鍵。

美國蘋果公司的創始人賈伯斯（Steven Jobs），是這樣形容自己如何面對生命中最後一天的。他說：「在過去的三十三年中，我每天早上都會照鏡子，並且自問，如果今天是這輩子的最後一天，我今天要做些什麼？如果我得到的答案總是沒事做，那麼我就知道自己必須要變革了。」

同樣，你應時常提醒自己抓住最重要的東西，並避免因為空虛而恐懼。這樣的行為可以在心理上讓你變得更加坦然——人類最終極的恐懼是面對死亡，但如果你能透過自我訓練變得不再恐懼死亡，你的內心將會足夠強大，將會理解生命的深度和寬度，把握幸福的真諦。

　　當你寫完給自己的遺書後，可以問問自己，假如明天我就會離開，那麼我該怎麼辦？你應該做的是忘記昨天，不要再恐懼明天，你為什麼要將寶貴的生命浪費在這些未知上？相反，不應浪費一分一秒，抓住最後機會，認真工作、認真享受，這樣我們才能懂得什麼是真正嚴肅和坦蕩的生活態度。

　　即使在你最幸福的時刻，也不要忘記設想最後一刻來臨的場景。在寫完給自己的遺書後，你會從中得到解脫。當第二天，你再次睜開眼睛，看到窗外明媚的陽光，就會感覺自己獲得新生。那種大徹大悟的幸福感，相信是你前所未有的全新經歷。為此，你會重新審視生命，覺得生命中充滿值得自己感恩的新鮮夢想。而你還會進行思考，在這樣的思考中，深入自己的內心，洞悉人生的奧祕，理解幸福的真諦。

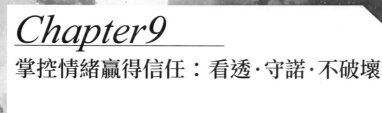

Chapter9
掌控情緒贏得信任：看透‧守諾‧不破壞

　　沒有信任，很難想像一個人可以自如地行走在屬於他的空間中。而建構信任關係的基礎，來自於你能好好掌握情緒的能力。學著看透生活，才能了解他人所需要的承諾，而何時做出承諾並付諸實行，從而不破壞你在他人眼中的形象，更是你情緒運用的關鍵能力所在。

◇看透不看破，我的生氣於事無補

在面對人生時，有人迷茫無助，也有人選擇擺出灑脫的姿態，說：「人生嘛！不就是這回事，我早就看破了，日光之下沒有新鮮事，沒什麼有意思的事。」或者是說：「出生為人，就是為了受苦，為了贖罪，一輩子都為此付出……」當然，這些話乍聽之下似乎很有道理，而說出這些話的人，似乎也有豐富的人生閱歷。但再回憶一下，人生在世真的那麼容易看破嗎？

其實，真正懂得人生的人，更應該明白，許多事情並不是那麼簡單。有些事看透後，才能明白該如何好好進行；人際關係看透後，才能明白該怎樣好好相處……但如果真的將所有事情看破，就很可能喪失鬥志，會覺得任何事情都「沒意思」、生活了無生趣，覺得這個世界「太不公平」而令人生氣。

你可以追求完美，但不能要求所有事情都完美。這個世界複雜多變，具備看透的能力，是使自己活得更好的基礎。例如，你應該看清楚自己的人格特質，明白自己的存在價值，找到並確定自己要走的路徑，這樣就不會因為前進道路上的曲折而感到憤怒、迷茫。假如你根本就沒有看透自己，設計的目標就會超越或偏離能力，結果只會得到不解與無助。想想你曾經的自怨自艾、抱怨、憤怒，是不是因為沒有看透自己呢？如果

你真的看透自己，怎麼可能選擇一條自己愈走愈窄的道路呢？

　　同樣，你之所以會生氣，還來自於你沒有透過諸多現象的表面去看清背後的本質。比如，你沒有看懂投資專案的本質，就必然會受到種種誤導，甚至欺詐。等你遭遇虧損後再生氣，又有什麼意義？如果你看不透戀愛對象的性格本質，不清楚你們的關係是否適合繼續交往、發展，那等到某天你們分手了，你才懊悔、生氣，也同樣於事無補！如果你是老闆，看透企業未來的發展方向、看透員工上班的動機、目的，就不會因為未來的擔憂而煩惱，也不會因為人事管理的複雜、麻煩而生氣……

　　一天，某家公司的董事長為了了解新開設門市的現場銷售狀況，選擇不動聲色地一個人悄悄前往。當來到一家銷售業績低落的門市時，他發現幾個銷售人員都面無表情地站在櫃檯旁，任由顧客匆匆離開。

　　這位董事長一言不發地站在店門口，向顧客鞠躬問好。店長見到這一幕，簡直嚇壞了，她大夢初醒般的認出董事長，而其他店員也以為自己將會被痛罵一頓，甚至被當場解僱。但令他們感動的是，董事長親自示範門市銷售人員的 SOP 後，再看了看他們，說：「我知道你們這家店的位置不好，但是如果你們願意用心，難道就不能創造出好業績嗎？」然後他就獨自離開了。

　　這讓所有店員們感到很慚愧，同時也感受到無言的壓力，

他們重新調整自己的工作態度。很快，這家店的銷售業績也有了很大的起色。

如果以上場景，換成是一個情緒管理不佳的老闆，很可能因此大發雷霆，不僅顯得涵養和能力不足，對提升業績更是於事無補，還會完全澆熄員工的工作熱情。相反，這位董事長儼然已看透員工不用心工作的原因，並冷靜地向他們指出問題的癥結點。這樣的「看透」，讓董事長達到管理的目的，也贏得做人的尊敬。

看透這個世界，是為了避免落入風險，也是為了更明白是非，確保自己能快樂，也讓身邊的人因為你而更加快樂。看透世界，你就會發現，自己是世界的一部分，只有接受這個世界存在的美好與缺點，才能達到更高的境界。這就是為什麼同樣面對生活與事業，有人歡喜接受、淡然自若，而有人卻口吐怨言、憂心忡忡。那是因為在前者眼中，世界的確如此，能坦然接受；而在後者眼中，世界如此不明，讓他感到無所適從。

看透自我、看透世界，坦然地接受生命所給予的種種。對於幸福也好、痛苦也好，你都應該學著多體會和分析，而不是憤怒與抱怨。當然，看清、看透世界，並不代表要看破人生。看破人生，你的生命就會猶如一個無底黑洞，會吞噬你身邊所有的希望之光。如果你真的陷入這種狀態，就會覺得自己孤立無援，生活得毫無意義。這樣了無生趣的「看破」，又如何讓他人被你吸引？

「看透，不要看破」，應該是你掌控情緒的基礎出發點，面對自我時，應牢記的管理原則。

◇無法掌控自我情緒的人，永遠不可靠

在為學員們上這堂課前，通常要先破解他們內心長期以來對情緒的誤解，在認知上有了變化，他們才能懂得如何積極參與訓練。

比如，「情緒」這個詞，就是許多學員們在上課前沒有真正了解的。他們大多從「情緒化」、「壓抑情緒」這些用語中了解到，情緒是不能隨便表達，甚至產生的，否則就是不成熟、沒修養。針對這樣的誤解，我提醒他們：情緒的產生是人類很自然的反應狀態，任何高興、快樂、痛苦、悲哀等感受，都是情緒的組成部分，而接觸周圍事物時，也不是單純認識它們，總會產生獨特的體驗，這樣的體驗就是情緒。

禪學中有一則古老的寓言，一位喜勇好鬥的武士，向老禪師詢問天堂和地獄的含義。禪師看了看他，便說：「你不過是個低階武士，有什麼資格來討論這個道理？」武士氣得惱羞成怒，拔刀對著禪師大罵。禪師不慌不忙地說：「這樣就是地獄了。」武士明白後，心平氣和，收刀入鞘，向禪師道歉，感謝

他的指點。禪師又微笑說：「這樣就是天堂了。」

今天，人人都想要成為一個可靠、值得他人信任的人。但這樣的人，必須是能控制好自己情緒的人。試想一下以下的情境，如果有人在無意間說出不應該說的話，你馬上就怒氣沖沖地向他要求道歉；如果有人主動出面維護你該有的利益，你馬上就高興得眉飛色舞；如果有人拒絕你的要求，你馬上就拉下臉來不高興；如果有人同意你的建議，你又喜不自勝而得意忘形。如果你有上述這些表現，很難讓他人覺得你可靠吧！

控制情緒是非常重要的自我管理能力。人應該是有理性的，而不能只依靠感情表達來處事。那些缺乏自制能力的人，失去的不僅是本該屬於自己的機會，同時也失去了他人的好感和尊敬。你可以想像一下，那些難以控制自己情緒的人，在他人眼中，常常是容易衝動、神經質的，他們很難與群體合作，而人緣也會隨之淡化。在情緒管理不佳時，他們的言談舉止會缺乏風度，且態度驕傲、行為粗暴，即使他們傳遞的是正確的道理，也難以得到別人的認同。

尤其在當今的社交場合中，控制情緒顯得更加重要。有位著名的企業家曾經在課程班上和大家分享：「在我十幾年的企業管理生涯中，多少有一些心得。其中之一就是不管對方是誰，你絕不應該對他大吼大叫。因為對人大叫，在任何情況下都沒有價值，反而會讓對方更加反感，且會增加更多麻煩。」

從他的經驗之談可以看到，愈是有成就的人，愈懂得控制

情緒的正面意義。如果你能在更多場合控制好自己的情緒，具備讓他人尊敬、信託的素養，就等於在無形中，為自己通往成功目標，鋪下平坦的道路。

當然真正做到全然掌控情緒並不容易，如果你希望自己能夠將事情做得更好，那就要多加訓練和留意，從點滴、細節之處控制好情緒。

要學會轉移情緒的方法。當我們面臨阻礙或深陷挫折而受打擊時，長期沉浸於負面情緒，既無法解決問題，也會影響該有的正常表現。因此，你應該學會主動轉移你的注意力，一旦感到情緒低落，要多看自己曾經獲得的成功、自己做過有意義的事情，閉上眼睛想像自己正在參與擅長、愉快且充實的活動。這樣外界對你的情緒所產生的負面影響就會減少很多。

我們需要積極學會從負面情緒解脫的方法。解脫，意味著從更高角度來看待那些讓你煩惱的問題，學會從長期的、更廣的範圍看待它們。針對這些問題，你可以積極做出新的詮釋，引導內心走出原本的圈子，使自己從負面情緒中解脫，並能將你的精力更專注地集中到自己追求的目標上。

還要學會利用情緒衝動當下的內心力量，將情況引導到積極、有益的方向上。例如，你因為失敗而感到難過、羞恥，首先你應清楚這種情緒並不是錯誤，你可以透過積極引導，讓它們轉化為下一步努力的動力，局面或許就會好轉，轉向對自身更為有益。

　　無論何種情況，千萬不要忘記，不該讓情緒掌控著你，是你要掌控情緒，成為有能力管理情緒的人，才能成為值得別人信賴的強者。

◇世界沒有激怒我，是我的無知激怒了自己

　　任何人都會有憤怒的時候，但如何認知自己的憤怒，對個人的發展存在非常重要。事實上，絕大多數的憤怒只會暴露你的無知軟弱，而無法讓你的憤怒影響或控制他人。更嚴重的是，如果你動輒感覺憤怒，會被自己的這種情緒折磨，而難以得到他人的同情和理解。即使是他人的錯引起的負面情緒，但你易怒的習慣，依然會讓事情變得不利於你，因為憤怒會讓人看起來愚蠢不堪。

　　1809 年 4 月，已經是法蘭西皇帝的拿破崙，聽說他的外交大臣塔里蘭（Talleyrand）正陰謀要背叛他，便從西班牙匆忙回到巴黎。他立刻召集所有大臣開會，在會議上他耐著性子一一指出塔里蘭的私下行動。但一向老謀深算的塔里蘭，根本沒有什麼反應，依舊一副置身事外的態度，這讓拿破崙無法控制自己的憤怒，他突然走近塔里蘭，說：「我知道，有些人恨不得我死掉！」但是，塔里蘭還是一副無辜的表情，

疑惑地看著拿破崙。拿破崙終於忍無可忍，他對著塔里蘭憤怒地吼道：「我曾經賞賜給你無數財富，我曾經給你最高的榮譽，但你看看自己是怎麼傷害我的！你這個忘恩負義的小人！你什麼都不是，只不過是穿襪子的狗！」發完火，拿破崙拂袖而去，留下其他大臣們面面相覷，他們從沒看見過帝國皇帝竟如此失態。

塔里蘭趁機不慌不忙地站起來，說：「真是遺憾，紳士們，這樣偉大的人物，竟這樣猜疑、這樣無禮。」結果，拿破崙在憤怒下失態的事情很快傳揚開來。許多人認為，拿破崙的憤怒並不尋常，是他的事業開始走下坡的預兆。

試想一下，拿破崙身為帝國的最高領袖，卻因為懷疑而憤怒，這種憤怒恰恰暴露了他的軟弱。原本支持他的人開始懷疑他的思考能力，懷疑他對全域性的掌控能力。

如果你是拿破崙呢？在這種情況下，你又會怎麼處理、應對呢？學員們在課程中討論的結果，是拿破崙應該事先備妥抓住對方的證據，然後公布於眾、一次駁倒對手，獲得所有人支持後，再去處罰謀事叛亂者。而即使有其他的處理方式，也不應該當眾憤怒地謾罵，這種行動實在太孩子氣了。

的確，在心理學家看來，憤怒並不是世界的錯誤，而是憤怒者的錯誤反應。許多人的憤怒實際上來源於他們內心的無助與無能，雖然為此表現得怒氣沖沖、勃然大怒、大吼大叫，但起因都和他們感到事情不順利有關。表現得愈生氣，往往說明

其無助感愈強烈。而在別人看來，你愈是生氣，愈是說明你感到束手無策。

從許多例子都能看出，無論是生活中還是事業上，對外界動怒，所造成的負面作用，遠大於正面作用。想像一下，即使你憑藉自己的權威，讓他人因為你的生氣而感到害怕，但他很快就會發現，憑藉他自己的一時行為，就能輕易觸動你的怒氣，這就讓他掌握了使你覺得自己無能的鑰匙。隨之而來的，就是他更加的肆無忌憚。

不要再讓自己沉浸在憤怒中了，憤怒就意味著無能，你應該減少憤怒情緒，並用平靜的心態加以面對。一個真正心智成熟的人，必然能夠控制自己的憤怒，當你面對鏡子、審視自己時，才會確認自己足以控制人生。

當然，你不可能完全遠離憤怒，你需要做的，是為自己建立一套有效的管理機制，抑制和疏導憤怒的情緒。在我的課程上，我是這樣幫助學員們的。

首先，請他們在腦海中回憶，自己究竟因為哪些極端情況而表現出憤怒。這些情況可以包括工作上的意外、生活中的誤解等。當找到並釐清這些情況後，回想一下，當時是怎麼發怒的，體會那種在內心引發起伏的憤怒感。

然後，在柔和的音樂聲中，學員們跟隨我的指導，睜開眼睛，開始慢慢深呼吸。同時，他們可以隨便抓住某件讓自己感到安全的東西，或者在內心默默計算自己維持多長時間的平和

心態。通常在這樣的訓練後，學員們發現自己發怒的時間可以往後推遲了，甚至根本不會發怒。

除了以上的訓練，我還引導學員們改變自己的角色。當身處某種境遇而感到憤怒時，不妨馬上以正面的心態去看待，尋找其中最好的意義，這樣你看事情的角度就會有所改變，而憤怒的情緒也就能得到改善了。

美國著名的心理諮商師告訴人們：「永遠不要讓憤怒綁架你。」最簡單的方法是，當你感到生氣時，馬上就向自己提問：「究竟自己是對外部原因生氣，還是對自己的無能生氣？眼前這件事情，如果放到一年、十年後，還會這麼在乎嗎？」不妨再問一下自己，「如果我有足夠能力應付當下情況，這件事情還會發生嗎？」當你回答這些問題後，你的憤怒將會悄然消失，並將注意力恢復到如何提高自己的能力之上。

◇信守承諾，不做反覆無常之人

「信守承諾」是做人的準則。如果要獲得他人的信任，那就要先拿出真誠的態度。

所謂「信」，就是信譽，是對自己給出的承諾所秉持的堅守。有了信譽，就有了人生之本，在他人眼中是誠信之人，道路就會愈走愈寬廣。

「堅守信用」必須下定決心、始終努力，只有長年累月地保持同樣的操守，你的人品才會被更多人認可，並逐漸成為你的人格特質。更重要的是，承諾是一種自律，有了這種自律，你在情緒上才會重視信用，才會給自己應有的壓力和動力，確保自己始終朝正確的方向前進。

誠然，你無法確保身邊每個人都堅持承諾、始終如一，但你不妨以是否信守承諾來評價他們，並對他們的品行進行評分。你會發現，愈是能夠堅持信守承諾的人，就愈能在你心中獲得高分。可想而知，在別人心中，你的分數也來自於對承諾的態度，當你缺乏對承諾負責的精神，你的形象就會一落千丈。

雖然如此，在信守承諾的過程中，情緒總會有所波動，總會面臨種種利益上的誘惑。畢竟，任何承諾都要面對一定的負擔，需要承擔一定的風險，沒有難度的承諾也就沒有任何意義。因此，許下承諾後，必然要接受一定的考驗，包括情緒和責任上的，承受考驗，你才能突顯不同於他人的形象。

挪威音樂家愛德華‧葛利格（Edvard Grieg）是個典型的紳士。在他還沒有成名前，曾住在鄉間一段時間，鄰居家有位八歲的小女孩達格尼（Dagny），常常採摘鮮花野果送給他。葛利格很喜歡這個小女孩，並答應要送一件禮物給她，可是因為自己阮囊羞澀，只能過十年再贈送。

後來，葛利格離開了家鄉，去挪威首都奧斯陸進修。而達

格尼在家鄉長大成人，早已忘了當初葛利格所許的那個承諾。十八歲那年，達格尼也離開家鄉，來到奧斯陸，找到一份工作。一個偶然的機會，她走進公園聆聽露天音樂會，突然又聽到了似乎來自家鄉森林的美妙旋律。當樂曲結束，報幕員的話語讓她愣住：「剛才這首曲子，是音樂家葛利格送給當初的小女孩達格尼的禮物，是他十年前承諾的生日禮物。」原來，葛利格從來沒有忘記自己的承諾，他相信隨著自己的努力，曲子終究會傳遍整個國家，也遲早會傳遞到小女孩耳中。

葛利格即使在有限的情況下，依然用自己的方式履行承諾。這並非外界對他的強行要求，而是基於他內心的渴望。因為他知道，信守承諾是一個人應當擁有的基本品格，是保持內心情緒平衡的重要渠道。當你給出承諾但又沒有執行時，會因此背著沉重的負擔，更不用說因為擔心對方提起承諾，而承受更大的壓力了。

許下承諾卻無法信守，會讓人陷入困窘煩惱的境地，乃至於尷尬和緊張。因此，你一定要記住，不要在情緒波動、衝動時隨便做出承諾，也絕不要隨意答應盲目的承諾。因為信守承諾並非口頭一說，而是要你有充分的力量執行，只有確保自己有能力實現，你才能完美地執行承諾。因此，在承諾時，要留有餘地，這並不是什麼虛偽，而是讓自己更能信守。

在履行承諾時，一定要做得徹底，你應該可以想像，那些原本打算執行的承諾，如果沒有得到充分執行，給人的感覺會

如同骨鯁在喉。因為別人的信任原本已經建立，卻在半途被破壞。因此，如果你答應孩子要在下班後，回家陪他玩，那就不要拖延到晚餐後，因為前者能建立你們的信任，而後者則會破壞這種信任。

另外，也不要用模糊的話語給出承諾，如「也許」、「可能」，這種用語很容易讓人覺得你是在敷衍、找藉口，即使最終你完成了承諾，還是無法獲得他人的信任。

總之，承諾在你的生命中應該帶有神聖的色彩。如果你希望得到更多愛，就需要付出更多。如果你是言出必行的人，就不會害怕承諾，更不會逃避承諾。在履行承諾的過程中，你會明白，承諾推動了人和人之間的關係，改變了你的內心世界，也傳遞了你對他人的重視和誠意。

◇規矩是用來遵守，而不是破壞的

任何事情的運作都有自己的規律，想要完成每一件事情，需要遵守背後的規矩。這個道理，許多人甚至在小學時就知道了，但在進入社會後，往往因為情緒的波動和操控，希望能越過規矩這座「大山」，或直接予以破壞。

於是，我們可能看到以下情景。明明需要你完成的手續，

因為你覺得太麻煩，就擱置懶得辦理；明明需要你去簽署合約，但你覺得條文太繁瑣，沒有仔細閱讀就直接簽名；明明是違反社會道德的情事，但你覺得利益當前，於是就執意而為……上述種種情況，你覺得不需要遵守規矩，興之所至，就直接破壞了規矩。其實，這樣的表現，恰恰是被情緒影響而忘乎所以的非理性行為。

心理學顯示，想要獲得他人的信任，首先要在內心的感性和理性間建築一道強大的防線。這道防線能夠抵擋感性的衝擊與防止理性的行為，因為心理波動而受到干擾。這個防線愈是強大，一個人的能力就愈強，也愈容易成就其輝煌。

從世界歷史和現狀來看，猶太人普遍都是相當成功的。但他們的成功並非僅僅來自於其精明的頭腦、強大的民族凝聚力，同時也來自於對規矩的尊重。在猶太人眼中，一旦立下規矩，就不應該隨意改變，甚至永遠不能毀壞。在他們心中，破壞規矩的人，不僅會面臨人格的「破產」，還會導致事業一落千丈。

正因為猶太人重視規矩，因此，他們在和別人交往時，總是不會輕易展現熱情，甚至根本不會表現出自己的情緒。那是因為他們最重視的是規矩而不是人情，只有確認對方和自己一樣，猶太人才會逐漸釋出信任。

像猶太人那麼尊重規矩，將情緒放在第二位，至少在兩方面對你有重要意義。

第一，能夠讓你獲得超過他人的信譽，這將成為你出眾的優勢。因為中華傳統文化的影響，我們更講究「人情」、「關係」，如果你能在情緒上有更高的規矩，就能在未來日趨嚴格的社會規則下發展。

第二，能夠保障你的安全。人都是受到情緒影響的，誰也無法肯定自己不會因為情緒而有錯失。例如，一時高興，可能就會答應某件無法完成的請求，或一時激動就簽下不公平的合約等。但如果你平時就養成尊重規矩的習慣，就能做到有效的自我保護，因為在你的頭腦中，始終劃有一道嚴格的紅線，能夠確保你不會被隨意的情緒拖向深淵。

從相反角度來看，假如能夠以情緒推翻制度，那麼所有的事情就只能做到「合情」，而做不到「合理」。對每個人來說，無論是生活或事業，不就都沒有必然的法則可以遵守，沒有固定的制度可以保障了嗎？顯然，規矩不能隨便打破，應該成為你管理自我情緒的重要原則。

遵守規矩是為了讓你能更加受到尊重，也是為了讓你有能力結合更多的人，將事情順利完成。無論你之前獲得怎樣的地位、擁有怎樣的背景，對規矩也依然需要保持最初的尊重。

美國前國務卿鮑爾（Colin Powell）曾擔任過雷根總統（Ronald Reagan）的安全事務助理。前蘇聯領袖戈巴契夫（Mikhail Gorbachev）在會面時，曾經贈送他一把名貴的紀念版手槍，價值大約在 180 美元。由於戈巴契夫的特殊國際聲

望，加上手槍本身的意義，鮑爾非常喜愛這份禮物。但是，按照相關制度，凡收到價格 15 美元以上的禮物，必須上交。鮑爾雖然知道即使不上交，也不會被問責，但他還是堅持遵守規矩，依法上交。此後，鮑爾仍對這把手槍念念不忘，又以 1,200 美元的高價，向白宮總務署「贖買」了這把手槍。

　　如果鮑爾不是對規矩如此重視，而是被對手槍喜愛的情緒所影響，私自收下不符規矩的禮物，那麼他日後可能會面對政治前途的風險，也就難以成為美國歷史上第一位黑人國務卿。可見，對規矩的遵守和對自我情緒的約束，是可以合而為一的。

　　遵守規矩意味著你要重視制度。不要把制度視為紙張上簡單的文字，要把制度內化為你的選擇。

　　遵守規矩還要有真正的遵守意識。學著把遵守當成一種行為意識，灌入自己的道德觀和行動模式中，成為良好的工作習慣。

　　讓規矩成為你的保護神，成為你情緒的安定劑，你從規矩中獲得的，不會是生活與事業的虧損，而是真正的人生收穫。

◇掌控了情緒，就掌控了世界

　　這是一個充滿競爭的社會，世界不斷造就成功者的同時，也正淘汰失敗者。你不甘平庸，內心經常湧現一股熱情。你想要成為受人矚目的成功者，同時也想避免成為失敗者。但是，如同某企業家所言：「每個人都想成為掌控自身世界的人，但最大的差別就是，所有的成功者，都是善於掌控自身情緒的人。」

　　想要掌控外在的物質世界，首先要掌控自己的內心世界。而情緒平穩正是掌控內心世界的關鍵所在。情緒本身是流動、容易變化的心理感受，這就是為什麼有人將情緒和水火相比。情緒如同火一樣，如果得不到控制，就會燒毀一切；情緒也和水相同，如果流動太急促，也會造成舟船傾覆。看懂情緒的這種特點，就更該明白如何調節並掌控情緒的發生與發展。

　　心理學家提出，情緒的掌控實際上就是管理情緒和調整情緒轉變的過程。在這個過程中，不要壓制情緒，而是在覺察情緒之後，適度、適時地調整情緒的表達方式，促進其發生合理的變化。這就意味著，情緒有其正面和負面，但問題關鍵並非在情緒本身，而在於其表達方式，採用正確的方式，在合宜的環境下表達適當情緒，就能讓你更接近理想的境界。

　　某天，擔任陸軍部長的斯坦頓（Stephen）走進總統辦公室，向林肯抱怨，說有個將軍居然用侮辱性的字眼指責他處事不公。於是，林肯建議斯坦頓馬上寫一封信，用同樣尖刻的話語反

擊對方。斯坦頓覺得這是個好主意，立刻寫了封措辭強硬的信，然後拿給林肯看。林肯對這封信讚不絕口：「寫得好！就是要這樣教訓他一頓！你做得很好。」然而，當斯坦頓真的要將信寄出時，林肯叫住他，問：「你在做什麼？難道你真的要寄出去？」

斯坦頓一臉茫然：「什麼？難道我寫了半天的信，不用寄出去？」

「當然不要。」林肯說：「這封信可不是為了寄送出去才寫的。我每次生氣的時候，都是這樣做，當我寫完信，我就不氣了，相信現在你感覺好多了吧！請你把它燒掉吧！」

人不可能永遠都有好情緒，只要生活中還有陰暗面，就一定會產生負面的情緒。但人之所以能成功，正是因為他能改變自己的負面情緒。這樣的改變，不是壓抑，因為就心理學來說，壓抑不僅無法改變情緒，還會在內心深處不斷累積，導致負面的影響愈來愈大。

如果想要掌控好情緒，應該在平時就應用下列方法進行自我訓練。

首先，你可以嘗試多變化的生活環境。人的情緒和生活，與工作環境有緊密關係。因此，你可以透過改變身處的環境來獲得良好情緒。比如，較大的空間對人的身心發展是比較有利的；那些狹窄、封閉、擁擠的空間，則會導致煩惱和壓抑。你可以透過適當地改變環境，獲得更大的自由度與舒適感，來排解這些負面情緒。

　　如果不容易改變環境，起碼可以透過布置來營造良好的情緒。例如，你改變居家或辦公室的布置，在家中種點花草等，都能調節情緒。或改變自我形象、改變上下班路線等，都能增加你對情緒的掌控度。

　　其次，心理學研究顯示，不一定是因為情緒帶來身體反應，身體反應也同樣會影響情緒的變化。比如，我曾經引導學員們做以下的試驗。在平靜狀態下，嘗試放鬆表情，然後開心地展現笑容，這樣的笑容持續幾分鐘後，學員們就會感受到「莫名」的良好情緒，他們紛紛表示，自己回憶的是曾經的歡樂時光。相反，還是在相似狀態下，如果他們做的是憤怒表情，感受到的則是壞情緒的干擾。

　　有鑑於此，當你感受到負面情緒時，不妨找面鏡子，然後對著鏡子做出笑容。幾分鐘後，良好的情緒就會開始釋放。

　　最重要的還是你應該對事物有不同認知，才能獲得不同的情緒。同樣一件事情，如果你能以正面看待，就會發現其中的積極意義；相反，如果你總是從負面看待，就總會得到負面影響。為此，你必須懂得怎麼轉移目標、並從中解脫，不要深陷對某個問題的片面看法，要好好利用它，盡力做到積極的自我控制與管理。

　　能有效掌控自我情緒的人，總會始終保持良好的自我心態，這樣，就能主宰自我和世界的關係。

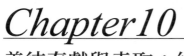

Chapter10

善待奉獻與索取：給予‧快樂‧捨得

　　來自於物質的快樂，只能滿足一時；相反，精神上的主動輸出、給予和捨棄，能讓你得到更長遠的快樂。當你以為獲取更多的物質是快樂，你走入的是一種負面循環。唯有當你明白和世界共享才是真快樂，你體驗到的是精神主動分享，並得到更多分享的自我價值。因此，請善待樂於奉獻的精神力，它將成為你終身幸福的源泉。

◇向外展現自我的人，最快樂

任何人都希望被認可，受他人青睞、尊重。尤其在競爭激烈的社會，人們的這種心靈需求，就更加明顯了。這樣的現實，給了我們充分的提醒，無論是拓展人脈，還是在實際工作和生活中，一定要懂得展現自我價值。

向外展現自我，提高他人價值，這樣的人最快樂；而在現實社會中，他們也最受歡迎。法國哲學家路西法曾經說過：「如果你要樹立仇人，就表現得比你朋友更優越；如果你想得到朋友，就要讓朋友從你身上得到價值。」換而言之，當你不斷獲得他人的能量和價值，總有一天，他人會因此感到厭煩；如果你能適度放低姿態，把自己的價值傳遞給他們，那麼你身邊的人將會獲得相對的成就感，也願意和你繼續交流、溝通。

美國有位名叫萊斯利·哈達克的教師，她認為人生有一則「籌碼」理論。每個人生來都有一定數量的「籌碼」，但許多人在成長過程中，丟失了屬於自己的籌碼，等他們真正面對社會時，就沒有可以推動成長的力量了。

為此，萊斯利打算將「籌碼」補充給那些缺少關愛的學生，從家庭殘缺的孩子，到叛逆的青少年，萊斯利都不斷地給予他們關愛。她原本只是一位普通老師，只要每天完成教學任務就可以了，但她卻完全奉獻自己，成為學生們最敬愛、親

近的人。她用自己有限的收入，提供貧困學生購買午餐和支付房租，又將自己的舊車送給需要的學生。還有學生想參加撐竿跳體育競賽，萊斯利又研究了許多訓練影片，並充當學生的教練。除此以外，她還會邀請學生到家中吃飯，過復活節和聖誕節，她也會和女同學一起布置寢室，甚至在她們畢業後，出席她們的婚禮、參與人生大事。

萊斯利不僅關心學生，也關心身邊的每一個人。她會把糖果分給居家附近的建築工人，還會和那些收費站員工聊天，為學校餐廳的女服務生頒發獎章……

萊斯利以自己實際的行動，影響身邊周遭的人。每個人都不是路過這個世界，而是需要做出選擇。要麼待在屬於你的小盒子中，為自己的職位、財富、能力和未來擔心，要麼投身到更大的世界中，將自我核心價值傳遞給大家。當你的價值投入更多在他人的生命時，你就不會感到孤獨和煩惱，因為你和他們將共同面對生命。

今天，或許你仍在不斷地追求成功，這並不奇怪。許多人都希望自己的人生成功，但成功的定義是什麼呢？成功就是不斷挑戰、展現自我的一個過程，只有你不斷戰勝過去的自我，能向外界展現更多價值，你的人生才能獲得真正的成功。

之所以這樣說，是因為成功的快樂並非來自於擊敗他人。和許多人想像的不同，即使你擊敗許多人，如果不知道如何傳遞自我，那麼你身旁的支持和鼓勵，也不會因此增加。這種情

況下，你戰勝的人愈多，面臨的孤立就會愈嚴重，哪能稱得上快樂呢？這就像參加跑步比賽，如果你唯一的目的僅僅是得第一名，那你很可能會失去對比賽的樂趣，因為第一名顯然只有一個。但每個人都可以透過比賽，傳遞自我的能量、塑造自我的價值，這樣他們都能享受比賽的過程。

或許你還會認為，人生的快樂來自於獲得名利和權力。但這樣一來，你就會成為名利和權力的奴隸，你的自我會被社會的標準掩蓋，又該如何把自我傳遞給外界呢？我們都需要知道，人類的欲望是沒有止境的，如果你用有限的生命去追求無限的欲望，最終只會精疲力竭，而當你把自己視為給予、而不是獲取的開始，你就會因此感受到力量正源源不斷地到來。

人人都有資格追求快樂，但快樂並不會因為你的期待而到來。當你感覺到世界缺乏快樂因子時，請多想想，你是否將自我變成一份快樂，送到他人的生活中。唯有如此，才會有更多的快樂走入你的內心和生活。

◇付出的時候，我才最幸福

「人的天性就是自私的。」我曾經不止一次聽過這樣的評論，似乎言之鑿鑿，但仔細想來，其背後並沒有絕對的科學依據。

眾所周知，無論人類有多麼高度發達的文明，畢竟只是地球生態圈的組成分子，是最高階的動物。而即使在低等動物的行為中，也並非完全表現出「自私」。動物學家的研究發現，許多動物會積極和其他動物、乃至其他物種進行互惠合作，相互付出。比如，土狼經常和獾一起行動，共同捕捉獵物；狼群中那些能力強的成員，也會幫助能力較弱的成員；在牛身上吸血後的蝙蝠，會將血液反芻給其他蝙蝠；長尾猴在發現敵人後，會不顧自身安危，用驚叫聲警告其他猴子……

自然界的這些事例，在在說明，沒有誰是生來自私的，人類更是如此。為了更進化、更適應自然界，人類學到的，是個體為他人付出的智慧。只有付出，個體才能更加安全地生存和發展。

社會中的人更是如此 —— 幸福的根源來自於生活中的付出，並不是索取。付出的人，永遠比那些不斷索取的人，體驗更豐富的人生。因為一味索取的人，只是為了自身的滿足；而懂得付出的人，才能把自己的價值與更多人一起分享，從而讓幸福感不斷增加。

付出的結果暫且不論，其過程本身就是一種幸福。我們為他人付出，是為了透過自己的善良行動，去和他人分享價值，而不是刻意讓別人來感激你。實際上，在你付出的過程中，人性中的善良就已經被全面激發了，所以在你心理，也會得到充分的回饋。得到這種回饋的關鍵，就在於能夠全心全意地付出而不圖回報，這樣才能贏得真正的幸福。

　　從更現實的角度來看，付出往往和收穫是成正比的。付出愈多，往往收穫就愈多。付出是收穫的重要因素，即使一些付出無法馬上看到利益的回報，但不斷地付出，遲早會累積足夠的能量，讓你沉浸在回饋的幸福中。

　　有位禪師在寺院種了滿院的菊花，秋季花朵盛開，甚為好看。村裡來寺院上香的人，都非常喜歡這些菊花，紛紛向禪師討要，想要種在自家院子中。禪師毫不猶豫地答應，而且他每次都親自動手，挑選那些顏色最好看、枝葉最健壯的菊花，挖出根鬚，送到別人家。消息傳出去後，前來上香要花的人源源不斷，沒幾天時間，整個院子的菊花就全被挖光了。

　　寺廟內的和尚見整個院子的光景，感嘆著說：「太可惜了啊！這庭院原本多麼漂亮，滿院都是菊花香。」禪師聽見後，只是淡淡笑著說：「這樣不是更好嗎？三年後，我們還會看到一村的菊花，聞到一村的花香！」

　　禪理上所言的慈悲，意味著所有對象都是值得你付出的對象。在你付出無所求的給予後，宇宙法則會按照平衡的特點去運轉，你得到的回饋，會是更大的驚喜。這樣的付出就只是「小我」層面上的失去，而在「大我」層面上，則是完美的擁有。

　　那些總是竭力避免付出的人，實際上是在試圖隔斷自己和周圍世界的連結。當他們關上自己向他人付出的大門時，也阻隔了從外界獲取的渠道。這就意味著在拒絕付出的情況下，你

愈是費盡心思維護自己的利益，失去的就愈多。

不要以為付出很難，其實付出可以在很細微的小事中展現。關注別人的變化，將自己的希望與他人分享，把高興的事情說給別人聽……這樣也是一種無形的付出。他們因為更加了解你而開心，同時你也因為感情的共鳴而得到更加溫馨的感受。

付出也是一種良好的做人習慣，每天你都有大量的機會去培養這個習慣。一件微不足道的小事，一次沒有考量回報的善舉，甚至只是給同事、朋友的一聲問候、一句招呼、一個微笑……都能為他們帶來良好的感受。因此，你不該忽視自己所能付出的點滴，因為在這些點滴付出之中，蘊藏著你對他人、對世界的愛。

從付出中尋找幸福，是人性光輝的表現，同時也是處世的智慧與快樂的源泉。

◇快樂源自內心深處，並非外界獲得

人生道路不可能總是那麼順利和簡單，每個人都想追求自己的快樂，但很多人容易忽視，快樂並不總是透過追求得到，許多時候，快樂來自於我們內心的體驗。

有位女作家在年輕時跟隨擔任軍官的丈夫，進入沙漠的陸軍基地駐守。他們需要在這裡待幾個月。白天，丈夫忙於軍務，而她自己則只能獨自待在營地窄小的鐵皮屋裡面休息。當時天氣炎熱，而身邊又沒有人陪伴，年輕女作家唯一可做的，就是「等待」丈夫早點回來。為此，她感到非常煩惱，便寫信給父母，說自己在這裡毫無快樂可言，想要早點回家。不久後，當大學教授的父親回信給她。回信很簡單，只有一句話：「有兩個人從監獄的鐵窗看出去，一個人只有看到泥土，另一個人看到的卻是美麗的星星。」讀懂這句話後，女作家決定開始自己尋找快樂。

第二天起，她走出軍營，和當地的游牧民族交朋友，逐漸對他們的生活產生興趣，當地人也非常喜歡她，很多人把捨不得賣給觀光客的貴重物品，都送給她當禮物。後來，女作家又開始研究那些稀奇古怪的仙人掌和其他少見的植物，還會早早起床，觀看沙漠的日出……不久之後，這個曾經令她覺得痛苦的沙漠環境，現在卻讓她感到開心和愉悅。從那以後，她明白了，生活環境並不見得可以自行選擇，但心境可以，而快樂更可以。後來，她將這樣的經歷寫進自己的書，創作出影響一代人心靈的經典作品。

其實，我們的生活環境也如同女作家所面臨的沙漠，客觀來看，沙漠這個環境並不會因為我們的個人意志而發生改變，但對生活產生熱情，讓心態變得積極起來，你就能從中獲得快

樂。心理學家指出，快樂的感覺更來自於每個人給出的暗示和影響，如果一個人內心給自己正面的影響，那麼即使身處沙漠，也會和黃沙成為朋友。反之，就算生活在花園中，還是難以感到快樂。

哲學家叔本華（Arthur Schopenhauer）曾說：「一個悲觀的人，會將所有的快樂看成不快樂，就好像充滿膽汁的口，即使喝到美酒，還是會變苦。」人生究竟是否快樂，完全取決於你內心如何看待事物和生活。與其讓你的內心充滿抱怨、憤怒與苦悶，不如充滿熱情並珍惜當下的生活，積極地去尋找快樂，讓快樂能夠走進你的生活。

一個檸檬，究竟可以為我們帶來酸味還是甜味？心理學家早就研究出來，對事情不同的看法，會帶給我們不同的情緒。以下這個有趣的心理實驗，對此做出了證明。

心理學家找來一些學生，分成兩組，分別從事兩項不同的工作。第一組負責轉動木板上的許多釘子，當釘子順時針旋轉四分之一圈後，再逆時針轉回去，這樣反覆做半小時。而另一組學生要做的，是把許多餐具一個個裝進箱子，然後再一件件拿出來，也是反覆需要做半個小時。當學生們完成這些事情後，會分別得到 1 美元至 20 美元的獎勵，同時心理學家還要他們向下一組參加實驗的學生宣布工作很快樂。結果，研究發現，那些獲得獎勵愈少的學生，反而宣稱感受到的快樂更大。

這就說明，人們對那些已經發生過不好的事情，會透過積

極自我安慰來尋找快樂。這樣的能力，可以視為人類自身的一種防衛機制。

在這樣的啟發下，你應該可以發現，對於那些看起來感覺不太好的事情，你必須從內心啟動防衛機制，積極從不同方向去看待，你內心做出的結論不同，心情也就會不同。想一想，當你失戀時，是否一開始會很痛苦？但不久之後，你會想到，結束一段感情或許是一種解脫，而未來遇到的那個人，也會比錯過的這個更好。當你遇到挫折時，你也應該盡快調整內心感受，想到從失敗中汲取的教訓，也是一種收穫。當你遇到偶然的挫折和失敗，不妨立刻想到，世界上所有偶然事件，都存在正面性和負面性，就算碰到掉錢包這類破財的事，或許也可以帶來消災這種積極效果……如果你能學會這樣引導自己，就會不斷地從陰影中走出來，並獲得快樂。

不要從外界奢求快樂，快樂就在你心中。順著自己所選擇的道路堅持下去，看到陽光的一面，快樂將如期而至。

◇我為什麼總是不快樂

你是否常常在腦海中浮現「我不快樂」的陰霾？在你工作遭遇挫折時；在你被客戶否定、拒絕時；在你的學業或感情陷

入危機時……面對人生的不順遂，你當然會不快樂。你會覺得生活沒有意義，甚至失去奮鬥的方向。

事實上，在你著手改變自己不快樂狀態之前，你需要了解不快樂的真正原因。只有懂得追根究柢，找到癥結所在，你才能對症下藥，為自己的人生找回快樂。

在心理學上，情緒往往代表一種能量，而人的心理狀態則可以看成容器。如果容器中承載的情緒能量太多或太少，就會產生不快樂的感受。所以，雖然不快樂的表面原因似乎各式各樣，但是其表現形式卻是相同的。

在課堂中，我曾經讓學員們閉上眼睛，想像他們在上班時處於擁擠的捷運內或車陣中，又或者站在馬路邊，觀察身邊的陌生人。同時播放喧鬧城市喧囂的背景音樂，學員們閉上眼睛，想像將自己從腦子裡逐漸拋開，而讓眼前的情境占據他們的思緒。他們好像看到，在那些陌生面孔的背後，都有各自的不快樂。那些追趕公車的上班族，充滿各種焦慮、過度專注、權謀想法和負面情緒，他們感覺不到其他人的存在，只有關注當下的自己。

反之，我也曾經讓學員們回憶夜晚酒吧的情景，並播放輕快的輕搖滾背景音樂，學員們臉上浮現出笑容，他們看見年輕人在酒吧中飲酒作樂、歡唱跳舞，每個人臉上都洋溢著快樂，而忘記了白天工作的那種煩惱。

等學員們從回憶中清醒過來，我向他們提出詢問，為什麼

同樣一個人，能在短短十二個小時之間，經歷這種不快樂到快樂的轉變呢？

許多學員提出自己的看法。而除了客觀原因之外，我最看重以下幾項原因。

你之所以不快樂，很可能是你的事業、人際或生活的某一方面出現實質性的問題。必須要承認的是，現今社會中，愈來愈多人把自身的存在感、人生價值和尊嚴，完全寄託在學業、工作和人脈上。因此，他們一旦失去工作上的成就、學業遇到阻力，或被愛情或友情拋棄，就一定會感到不快樂，覺得自己的人生因此破滅了。我想，許多人都會有這種感覺。而不快樂的更大原因，則在於自己認為之所以遇到這些情況，是因為自己缺乏魅力和能力。

你是否也有過類似的情況和想法？其實，不管為什麼感到不快樂，盡快接受現實，然後擺脫壞心情，讓自己振奮起來面對問題、解決問題，才是最重要的。

當然，一個人不快樂，可能還有一些並非出於自身的問題，而是他太在乎別人的看法。你是否曾經因為他人對你可能的評論而焦躁不安？你是否覺得自己的價值，常在他人眼中和口中？

生命是屬於自己的，但是許多人卻喜歡為他人而活，他們將自己的情緒建立在別人對自己的看法上。想想看，當別人說妳漂亮時，妳是否會馬上覺得快樂？別人說你的新髮型不怎麼

樣，你又是否會立刻懊惱起來，甚至想重新設計一番？但你並沒有想過，為什麼這些評價就一定會觸動你的情緒、你的快樂？又何必讓他人來主宰？

要知道，人不是為別人而活的，每個人都要先為自己快樂的生活。沒有人願意當傀儡，因為就算你獲得再多的稱讚，但如果你無法按照自我內心去行動和體驗，也無法真正快樂。但偏偏你就容易成為受人影響、操控的傀儡，願意受別人的評價所指揮，這樣你當然無法快樂。

記住，這個世界最容易讓你不快樂的人，就是你自己！而一旦你受困於他人的眼光，就會產生種種不快樂的想法，你的悲傷、氣憤、頹廢……等，都是那些你想像中他人的看法所造成的。

學著不要那麼看重別人眼中的你，而是努力做好你心中的自己，這樣的想法看似簡單，但卻真實，能讓你由衷地感到開心、快樂，並有可能改變你的一生。

想要快樂，就一定要懂得接納自己、接納現實。當你能夠從積極正面的角度去看待整個世界，你就能夠學會排解不快，找回快樂。

◇不敢失去，就無從獲得

〈假如生活欺騙了你〉是俄國「文學之父」普希金（Aleksandr Pushkin）向人們提出的嚴肅問題。當生活給出的，並非是你想要的結果，當你真切地感受到失去的那種預料之外的痛苦，你會怎麼面對？是長久的憂愁、悲傷，還是悽慘、心慌？換個角度來看，如果你能承受現在的失去，將很有可能迎來更加完美的獲得。有時，失去的東西還可以努力再爭取找回來，即使找不回來，你還可以獲取更好的結果。

因此，學會勇於面對失去，你才能從失去中獲得。明白個中滋味的人，人生的挫折就會大為減少，收穫更多。如果你學會這種態度，就會從幼稚走向成熟，從自私走向寬廣，因為你已經意識到，失去並非生活的欺騙，而所謂人生，沒有失去，也就無從獲得。

1883 年，剛從中學畢業的小女孩瑪里，因為家中貧窮，無法去巴黎上大學，只能選擇到鄰近的鄉紳家中當家庭教師。不久之後，她和鄉紳家的大兒子卡齊米日相戀了，在他們正計劃要結婚時，卻遭到鄉紳全家人的反對，儘管瑪里天資聰穎且人品端正，但是礙於門第不同，怎麼能結婚呢？最終，卡齊米日被迫拒絕瑪里。

這次失戀讓瑪里感到非常痛苦，她甚至產生了離開這個世

界的念頭。但瑪里畢竟不同於一般女性，她知道自己除了戀愛之外，還有豐富知識和親愛的家人。於是，她斬斷了情緣，開始努力鑽研科學知識，並主動幫助當地窮苦農民的孩子學習。幾年後，她知道卡齊米日不可能再回頭續前緣，就決定帶著自己僅有的微薄積蓄，去巴黎求學。

後來歷史證明，這次「失去」帶來巨大的收穫，如果沒有這樣的失去，全人類都有可能失去一位偉大的科學家。瑪里來到巴黎，很快投身到物理科學的學習和研究中，後來她嫁給了志同道合的居禮先生，並獲得物理界的偉大成就。

如果瑪里·居禮（Marie Curie）當初沒有選擇斬斷與鄉紳的情感，那麼她就很難獲得之後生命的昇華。同樣，今天的你也經常面對取捨的問題。

一般來說，似乎沒有人願意選擇失去。因為生活的麻煩，很多時候就像你在整理房子那樣，雖然覺得東西多、布置亂，但無論怎麼收拾，卻還是難以讓人滿意，這種情況其實僅僅在於你捨不得扔掉那些曾經喜歡但現在已無用的物品。這樣，你就只能舉步維艱，背負愈來愈重的行囊，艱難地跋涉，而快樂就愈來愈少。

大膽放棄才能成就收穫。每個人都應該明白，你是空蕩蕩來到這個世界，最終還是會空蕩蕩離開。因此，世界上沒有任何東西是恆久屬於你的。在你不斷得到的同時，也在不斷失去。你得到了事業的成就，必然會失去閒散的快樂；你得到

金錢的收入，必然會失去休閒的自由；你得到高貴的地位，必然會失去曾經的淡泊……如果你認真思考自己的得失，就會發現，在得到的過程中，也正在經歷失去。

正因如此，你更應該看淡失去、甚至習慣失去。也許在一段時間中，失去導致你比別人少得到一些利益、一些快樂，但如果將得失放在你完整的一生中來衡量，並非短期內就能預料的到。正如同「塞翁失馬」的寓言那樣，換一個心態去看待失去，就能成為拿得起、放得下的人，而獲得應有的幸福。

面對失去，你應該保持淡然和平常。不要讓自己成為欲望的奴隸，也不要讓自己像那些「垃圾收集狂」患者一樣，不管什麼樣的東西，都想據為己有。你必須分清楚，哪些是自己現在需要的，哪些是自己並不需要的。對應該得到的東西，不要錯過；對必然會離開的，則選擇瀟灑放棄。隨著年齡增長、經驗充實，你會愈來愈明智地調整好自己，去面對得失。

從更高遠的人生境界來看，當人們活著時，他們始終在培養自己習慣於得到的心性，但終有一天，他們會發現，失去更接近人生的本質。人的生命終究要歸向滅亡，所謂的「得到」，更在於快樂的過程，而不是占據行為的本身。用平常心去對待生命中的每一次得到和失去，你才會獲得最大的圓滿。

◇能量守恆，度別人其實是在度自己

在課程中，以下這段話總是能引起不同學員的注意：「起初，他們追殺共產主義者，我想我不是共產主義者，我沒有說話；後來，他們追殺猶太人，我不是猶太人，我也沒有說話；後來，他們追殺天主教徒，我也不是天主教徒，我還是沒有說話；最後，他們仍對我動手，也沒有人會為我說話了。」

這是在「二戰」結束後，德國著名宗教人士馬丁·尼莫拉（Martin Niemoller）的一段反省之言。這段話的含義當然不僅在反納粹，而在於每個人如何看待能量的輸出和獲得。

放諸整個世界觀，能量應該是守恆不變的。而放到個人行為上來看，能量則是互補的 —— 當你選擇幫助別人時，就是在幫助自己。

有位成功的企業家威廉，在他二十歲時，還整天坐在河邊釣魚，並沒有想到自己未來會有什麼廣闊前途。一天，有位過河的人急匆匆找到威廉，說自己的結婚戒指掉進河裡，那是相當珍貴的，他希望威廉可以幫助他找到這枚戒指。

威廉一向熱心，整個上午他都沒做什麼事，只是不斷下水尋找那枚遺失的戒指，但依然還是沒有找到。威廉看情況有點複雜，便請對方再等一等，自己跑進村裡，找來所有有時間的朋友，請他們都下河去幫忙找戒指，這群年輕人竟然又花費整整半天的時間，最終還是沒有找到。

那位丟失戒指的失主，最初答應給威廉一英鎊費用，想不到這麼多人一起耗費這麼長時間，究竟要付多少報酬呢？失主一時不知道該如何是好。但純樸的威廉，只是向一群朋友們道謝，並沒有和失主提什麼報酬的事情。

不久，帶著歉疚的失主，又一次路過這裡，再次碰到威廉。他主動告訴威廉說，你不要再釣魚了，我有個修車店，你就過來做做修補輪胎的事吧！就這樣，威廉得到人生第一份正式工作。

一天，有人開一輛小轎車來到威廉的店裡維修，技工們發現，必須要找到一顆特別的螺絲，才能讓車正常行駛。但是，翻遍整個維修店，都沒有找到那種螺絲。威廉不喜歡看到別人失望的樣子，他騎上腳踏車，趕了整整七、八千公尺，終於在另一家修車店找到那種螺絲。當他滿頭大汗回來後，心存感激的車主，拿出十英鎊想要表示謝意，但威廉並沒有收下，反而說汽車維修店提供螺絲是應該的。

為此，小車的主人說，自己有家小五金行，現在缺人管理，希望威廉去代理經營。他解釋，在這個競爭激烈的商業環境中，威廉是他見過最無私、最肯幫助人的人，因此自己有絕對的理由幫助他。

世間的能量流動都是對等的。你捨得犧牲自己的時間和體力幫助別人下水撈取戒指、趕路找螺絲，別人也就會將自己的事業託付給你，提供更好的工作機會。這似乎只是商業社會的

等價交換，但背後隱藏的則是自然界能量守恆的原則。不論你是怎樣的人，都不可能依靠自己的個人能量來獲取長遠幸福，如果想要讓自己的人生格局變得更加宏大，就需要獲得更多能量。這就需要你先付出自己的能量去「度」別人，包括給別人關心與感動，這樣你才會贏得他們的回報。

能量之所以守恆，在於其交換。而想要讓能量順利交換，其中重要的原則，就在於主動為他人著想。在你的生活中，如果你遇到的人總是為他自己的利益著想，你一定會認為這種人自私自利，不會與他們長久往來。相反，如果你遇到的是願意為他人著想的人，你常常會因為他人的誇獎，而願意和他來往，並彼此幫助。從自身的感受出發，你為了獲得能量交換的起點，必須要先盡可能地為身邊每個人著想。

另外，在能量交換的過程中，你一定要明白別人想要什麼樣的能量，而你希望得到的又是什麼。不要覺得為他人付出就是一種盲目的討好，或是一種卑躬屈膝。事實上，你必須懂得對方的需求，要懂得如何滿足對方，並將他們的能量吸引到你身邊，而不是浪費。這並不是什麼心機，而是應有的待人處事之道，事實也同樣明顯：那些根本不願意為他人考慮的人，自己也將失去他人的關心。

無視能量守恆的人，總是覺得一點點捨得、一點點付出，都是自我利益的割捨。這種想法是不近情理的，也是很不成熟的。這種想法若不予以遏制和改造，就會讓你變成典型的利己

主義者。屆時，你身上的所有能量，都不屬於這個社會，而屬於你個人，那麼你還指望整個社會在你需要的時候關心你？

要知道，用自己的能量去滿足他人，並不一定要你付出太多。許多情況下，只需要你捨得對自我加以改造。例如，你的言行習慣可能在新公司環境感到不適應，那麼你就必須捨得迎接變化；你的個人生活方式對孩子不好，那麼你也必須履行責任，加以改變。這些事情看起來是在「度人」，但實際上都是在為了讓你自己更加優秀、更加完美。

記住，每個人立足於這個世界，他們所有的舉動，都可以既為他人，也為自己。而實現這兩者結合的方法，就在於「捨得」中的快樂。

Chapter 11
擁有人生的立場：獨立‧信念‧價值觀

　　立場是什麼？立場就是你觀察世界時所站的角度；你評價事物時所擁有的眼光；你堅持行動時所秉持的信念；你看待自我時所奉行的價值觀。不要為他人的立場輕易動搖自己，你應該學習，但不應該隨意妥協與改變；你應該進步，但不需要馬上動搖和懷疑。你當明白，若無勇往直前的力量，無法離開你不俗的人生立場，領先群倫的願望，也只會為強大的價值觀而實現。

◇我就是我，是顏色不一樣的煙火

在張國榮的歌中，他唱道：「我就是我，是顏色不一樣的煙火。天空海闊，要做最堅強的泡沫。我喜歡我，讓薔薇開出一種結果。孤獨的沙漠裡，一樣盛放的赤裸裸。」

每次和學員們一起在課堂上聽這首歌，想到追求個性獨立的張國榮，再想到其最終沒有如願的結局，總是會百感交集。一個人，最了解的是自己，而最不了解的，也是自己；那個你最信任的人是自己，而你往往最忽視、最不相信的，也是自己。正因如此，你最需要的幫助，並非來自外界的關心，恰恰是獨立和堅強的自我。如果你連自己都不能接納和肯定，也就很難在這個世界尋找到適合自己的位置。

在人生的舞臺上，我們既是主角，也是最忠實的觀眾。每個人都主宰著自己的命運，無論任何時候，都不要懷疑自己的獨立性，要懂得聆聽內心最深處的聲音，尊重最真實的自我想法。不要過於在意他人對你的看法，更不必動輒改變自己，因為你始終是獨立、自我的個體。

有「鐵娘子」之稱的柴契爾夫人（Margaret Thatcher），身為英國史上第一位女首相，有著堅強的自我個性。在外形上，她並不注意別人的穿著打扮，但卻很在意自己的衣著風格。因為在她看來，充滿個性的衣著，正是對自己內心世界的

真實表達，這樣的表達，也是對他人的尊重。

因此，不論別人怎麼評價，不論在怎樣的環境下，柴契爾夫人對自己的服飾搭配、髮型與化妝風格，都相當看重，她絕對不會因為當時的流行風潮，就改變自己的風格。所以，她始終都是以整潔、淡雅、樸素和大方的態度，出現在公開場合、民眾面前。

這種習慣早在她上學時就養成了。當時，她曾經到迪士尼公司兼職，因為衣著很保守，她被稱為「瑪格麗特大嬸」。但她並不以此為意，因為這就是真實的自己。而後來，她步入政壇時，人們看到的，也是她戴著傳統的小帽子，穿著黑色的禮服，腳上穿著舊式皮鞋，夾著老派的手提包，看起來尤其沉穩而井井有條。有些人曾經勸她不要這麼老氣沉沉的打扮，但她解釋說，這樣的打扮可以讓別人看到真實的自己，可以建立起政治活動應有的威信。

柴契爾夫人一輩子都在做真實的自己，也因此獲得了他人羨慕的成就。無論他人怎麼看，她都知道自己是怎樣的人、需要做什麼。正因為她確認自己的價值和特點，所以對自己的想法也充滿信心。

待人處事，首先要做好自己，認清自己並積極掌握自己的命運，實現好個人的人生價值，才能真正成為命運的主人。

你應該相信，你是與眾不同的，做真實的自己，要勇於相信自己，勇於決定在生活中自己應該做什麼、不該做什麼。不要盲

目模仿他人，也不要讓他人來左右你。從現在起，你應該選擇當自己的主人，而不要讓他人的生命道路取代你的前進方向。

想要過獨立的生活，首先要做的，就是不僅在物質上確保獨立，還要做到精神上的獨立。這也就意味著，你在精神上不應隨波逐流。當今社會上，時尚、潮流和多元文化都在不斷誘惑你、勸說你成為和快節奏文化下、眾人都一樣的普通者。想想看，你是不是經常盲目追隨、傳播和吸收資訊？這些行動似乎都在不斷地告訴你：「去跟大家一起吧！」你千萬不要不經思考就盲目追隨，而是要樹立堅持獨立的自我。

當你進入獨立狀態後，你心中的那個自我就會被喚醒。當你做到充分的自立自主時，身邊的人就會對你懷有更高的期待，做出更高的評價，從你真正的自我中，看到希望。

請勇敢告訴自己、提醒自己以下的勵志宣言。

過去，我始終是按照自我的表象來生活，我所以為的自我，其實並不是真實的。但我相信，從此以後，我要依照真實的自我來生活。我會按照新的方式來表達自己，我不會盲目跟隨他人的腳步，我也不需要為了讓自己和大多數人一樣而適應、模仿別人。同樣，我也不需要他人為了適應我，而改變他們的天性與特質。

每個人的本真自我都有其內在的天賦。給自己一個空間，讓天賦發揮其力量，那麼透過生活的累積，你更大的能量就會以真實的形態爆發出來，足以改變周圍的世界。

◇獨立，才有可能遇見真我

在現代社會的激烈競爭中，許多人都意識到身體健康的重要性，定期體檢更是許多人都重視的事情。只有如此，你才能更全面地了解自己的身體，並對症下藥，再更投入工作和生活中。然而，除了關注身體的健康之外，你是否重視自己內心世界的健康和完整？你會不會嘗試去了解自我，然後發現那個真我？

許多學員都抱怨過「人心難測」，他們總是覺得世界很複雜，人心也難以揣測，就連身邊最親近的人，看似熟悉，有時候也都難以看透。但問題是，當你總是在思考為什麼遇不到真實的他人時，也應該思考一下，你有沒有看透自己？在性格上，你究竟有什麼樣的優勢和劣勢？你在為人處世上是否合宜、得體？你希望用怎樣的方式去面對工作和生活？在你期待能看懂他人之前，有必要先清楚明白真實的自己，才能掌握好自己的命運，活得更加獨立並精彩出色。

然而，認識真實的自己，並沒有那麼容易。你是否會在一些陌生場合中，感到莫名的緊張？是否愈是希望自己工作時能再細心一點，就愈會經歷難以預料的失敗？是否發現自己和那些並不喜歡的人交往時，難以拿出應有的熱情？是否明明面對很多機會，但卻不知道怎麼選擇，結果所有的選擇都成了最壞選擇？

　　這些情況其實在我們每個人的生活和工作中都會經常遇到，如何避免這些事情發生呢？答案就是先讓自己強大、獨立起來！

　　只有先獨立，你才能認識真正的自己，才能談得上對自己深刻了解，才能讓自己愈來愈踏實。要知道，誰都不喜歡戴著面具，盲目地工作和生活。因此，你必須學會擺脫外界強加給你的面具，學會看透和了解真實的自己，你將因此而倍感輕鬆。

　　曾有位二十六歲的學員，他因為心理壓力而經常緊張、失眠。最大的原因在於，他經歷了研究所畢業後第一次工作失敗，迫使他不得不重新另謀新職。他向我抱怨，說這幾年都在研究所努力鑽研課業，哪知道外面競爭壓力這麼大，剛畢業沒有經驗、也沒有實務能力，別人為什麼要聘用他……

　　其實，這位學員的父母創業有成，家裡資產千萬。一直以來，他都是依靠父母的供給，不虞匱乏的生活著、學習著。然而，他現在必須開始學習自己賺錢養活自己，加上他一直都活在父母為自己準備好的優秀環境中，從來沒有人教導他該怎樣面對社會上的激烈競爭。重要的是，他自己也缺乏獨立的意願。在精神上，他仍覺得自己還是個孩子。因此，當他需要獨自面對工作時，他感到無所適從。

　　我引導這位學員去進行以下的自我訓練。比如，我是誰？我和父母的關係怎麼樣？我現在感覺怎麼樣？我未來需要面對

什麼？我應該擔負哪些責任？我怎樣才能完成這些責任？

　　每天他都需要獨自面對這些問題。一開始，這些問題不斷地轟炸著他脆弱的心靈，讓他感到恐懼和擔心。但經過這段時間的訓練後，他開始學會認真思考這些問題，逐漸從這些問題中尋找出創造自我獨立的形象。

　　一個人是否具備應有的獨立性，是他能否找到真實自我的關鍵。獨立性，意味著個人獨立生活和工作的能力，個人對問題獨立思考的能力，以及個人是否能對問題進行獨立判斷的能力。要知道，活著就要成為有自我意識並對世界保持獨特感受的人，這才會是真正的自我。

　　沒有人能夠替你思考、替你感覺、替你生活。除了你自己以外，沒有人可以幫助你明白生存的意義。當你釐清這些，你就會明白，無論別人和你的情感建立得有多深，最重要的還是你對自己所承擔的責任。當你擁有這樣的獨立性，你當然不需要再盲目跟從、向別人證明自己，因為你無論從哪方面來說，都已經成熟，你也不需要求得他人的認可來證明自己是否成功，因為你知道自己應該達到怎樣的標準。

　　從紛紜的表面看到自己的內心，你將會得到一個自然獨立的靈魂，有這樣的靈魂，你怎麼會不充滿應有的自尊和自信，並由此獲得更加美好的生活呢？

◇活在自我的期待裡，而不是別人的眼光中

　　明明不想在乎他人的眼光，想要做真實的自己，卻又會顧慮很多，生怕自己辜負他人的期待。在你的內心中，很可能經常出現這樣的獨白：「假如我這樣做，別人會如何看待我呢？如果我沒有這樣做，別人是否又會因此失望？」這樣考慮，固然是你對他人和社會肩負起責任的一種表現，但你有沒有想過，其實別人的眼光也並非集中在你一個人身上。

　　心理學上有一種「自我主體」效應，這種效應表現為個體將自己受到的關注過度放大，他們誤以為別人總是在關注自己，但實際上並非如此。這樣的心理，會讓你感到本來不應有的壓力，而忽視了自身的期待。

　　其實，你並沒有那麼多的關注者，即使偶然有所評論，對他們而言，也只是一種茶餘飯後的閒談而已。

　　有位年輕人曾經覺得自己過得很失敗，於是透過管道，拜訪了成功的企業家，希望自己能夠從對方成功的經歷中獲得啟示。他對企業家說：「我總是不斷努力做好每件事情，但別人對我的評價並不好，由於得不到別人的鼓勵，我漸漸對自己失去信心，且一事無成。」為此，他覺得自己很失敗。

　　企業家微笑地搖搖頭，說：「那麼，請你告訴我，你覺得什麼才是真正的芳香呢？」

年輕人雖還沒釐清問題，但還是很快的回答：「我想到的是蛋糕。因為我前些時間曾開設一家蛋糕店，雖然不久就停止營業了，但是我現在依然覺得糕點是充滿香味的。」

企業家點了點頭，就請年輕人帶著這個問題，去拜訪一位著名畫家。當畫家看到年輕人後，便回答說：「我經常在野外寫生，看到滿山遍野的鮮花，所以我聞到的不就是最美的芳香嗎？」

隨後，企業家又指點年輕人去拜訪一位動物學家，動物學家說：「芳香，我想到動物在撲食時，用於引誘獵物而散發的氣味。」

企業家問年輕人：「你看，你已經拜訪了幾位不同領域的傑出人士，你覺得自己對芳香的定義改變了嗎？他們會因為對方不同的看法而改變嗎？」

年輕人忽然明白了。其實，每個人對事情都有自己的看法，就算別人的看法和自己不同，也不足以驚奇。你只要努力實現對自己的期待，而不是迷失在他人的看法、期待中。

一個人如果太在意別人的眼光和評價，就會忘記自己期待的是什麼。我們需要像這個年輕人，重新定義自我的原則：「首先需要面對內心的期待，而不是面對別人的眼光、評價，更不需要活在別人的期待下，由別人來主宰自己的命運。如果你總是顧慮別人的眼光和評價，來作為自己的行事標準，那麼你很可能會無所適從。更重要的是，每一個『別人』之間的眼光和

準則都不盡相同，你很容易因為他們不同的想法而疲於奔命，一次次忙碌，卻無法獲取成就。」

比如，你聽說別人在準備考公務員，雖然你的工作也還不錯，但也想去考考看；你聽說別人在追某款手機，甚至為了買到而上網搶購，即使你並不想換手機，但也非要上網試一次……你有沒有想過，這些事情是否適合你？除了跟隨之外，是否還有其他更好的選擇？在這些無意識行為的背後，隱藏著你最簡單的意識，你希望自己能符合絕大多數人的眼光和要求。如果你的嘗試成功了，似乎還可以對自我交代，但萬一失敗了，就會嚴重打擊和傷害你的積極度，讓你變得愈來愈自卑。

不要總是去想自己「應該像某某人」那樣，這種觀念是嚴重的錯誤。事實上，每個人都是獨立的，並沒有什麼統一的標準，也沒有通用的法則，即使看起來相似的標準，也不可能得到所有人的喜好和贊同。就算你想要迎合絕大多數人的普世價值，也總是有人會對你持反對態度，甚至那些人還很有可能是你在乎的人。

為了避免陷入如此尷尬的境地，你需要一再反覆告訴自己，每個人都是獨立且特別的個體，每個人的人生都是千姿百態，絕不會相同的。也正由於存在這樣的差異，整個世界才顯得多姿多采。

每個人的長處需要自己發掘，缺點也需要自己改變。如果

僅僅是為了迎合他人而改變自己，很容易讓錯誤變得更加嚴重。這是因為當你的內心並不真正期待此事，卻仍勉強自己為符合世俗價值而努力，當然會失去自我。

不要再和他人一較高下了，因為地球上的你是獨一無二的。不需要刻意模仿他人，也不可能因此變得像另一個人。不管別人怎麼說，你都應該活在自己人生的當下，理性且冷靜地看待自己、審視自己，確認自己想要的理想方向，找到屬於自我的指標，然後再動身前行。千萬不要因為任何盲從，抹煞了自我原本的特色，想要出類拔萃，你必須與眾不同。

◇有信念的人生，永遠不寂寞

心理學相關研究結果顯示，當你堅信某一件事情、某一個目標時，就是在潛意識中下達了一道不容反駁的命令，這道命令將會持續發揮效用，影響你接下來所面對的每一件小事。這樣的堅信，就是人生的信念。

那麼，你的人生有沒有信念？

信念並不是很抽象的東西，一個人是否有足夠的信念，可從其形象上的顯著差別看出來。我們常常會發現，有些人具有專注的努力方向，有些人具有足夠的努力程度，但另一些人看

起來並沒有這樣的氣質，顯得平庸、低俗和粗魯。其中的差別，就在於信念的不同。

人生信念固然包括更高遠、更針對外界的理想，但這種理想，毫無疑問是來自一個人的內在基礎。因為信念並不是毫無主見的盲目模仿，而是透過個人的選擇和堅持形成的。人生最大的信念，應該是發自內心對真善美的不懈追求，擁有這樣的信念，人生才會永遠不寂寞。

擁有追求真善美的信念，就會擁有積極的心態，不論遇到怎樣的困難與挫折，也不會對自己的人生放任而行。反之，你會因為對信念的堅持，成為生命的主人。同時，信念還傳遞出你對真善美的追求和堅持，有了堅強的信念，不僅他人會看到你的變化，自己也會感受到內心提出的要求。

1961 年，美國紐約州一所小學聘請了新的校長，這位校長叫保羅。當時正值美國嬉皮文化流行時期，當保羅校長走進這所校園時，發現這所位於貧民區的小學，實在比自己想像的還糟糕，這裡的學生比校外的嬉皮還要膽大妄為，他們拒絕和老師合作，而且曠課、鬥毆、破壞教室……保羅試圖引導他們，但並沒有什麼成效。後來，他發現這些貧民孩子們非常迷信，於是他便開始為學生「看手相」來教育他們。

當保羅看到學生羅爾斯的時候，他故意說：「我一看到你的小拇指就知道，以後你能當州長。」羅爾斯對此非常吃驚，從小到大，最讓他振奮的信念，就是奶奶曾經鼓勵他，說以後

他可以當小船的船長。而這次，校長居然說自己長大後能當州長，這實在太出乎預料。羅爾斯也相信了這句話。

從此後，小學生羅爾斯多了一個「當州長」的人生信念，而「州長」的稱呼，則如同內心的旗幟那樣，不斷激勵著他改變人生。從那時起，他說話時不再滿口髒話，開始抬頭挺胸走路，在之後的四十多年中，他每一天都按照州長的標準來要求自己。終於，在五十一歲那年，羅傑‧羅爾斯成為美國紐約州歷史上的首位黑人州長。

在就職的演講中，羅爾斯感謝了當年的保羅校長，然後娓娓說道：「信念值多少錢？其實，信念並不能說值錢還是不值錢。有時候，信念幾乎就是一個善意的欺騙，但只要你能夠堅持下去，信念就會迅速增值。」

是的，信念具有一種神奇的力量，當你缺乏信念時，你會感到空虛、無聊和缺乏方向感。但當你擁有信念，並確信自己能成為那樣的人之後，你會感到人生有了動力和方向，在你努力前行的道路上，多了不斷鼓舞你的目標。因為有了信念的感召，你不會害怕改變自己的痛苦，更不會害怕困難，即使過程中所遇到的煩惱和厭倦，也無法讓你放棄對信念的堅持。

可以說，人人原本都有信念，但正如同出生之後就與母親分離那樣，人們經常因為不同原因而丟掉原本的信念。你所面臨的任務，就是積極意識到自己應該找回和堅持信念。這樣你的人生就不會被恐懼與空虛占滿，就能夠站到宇宙和你交集的中心。

回首你的人生道路，你之所以沒有獲得大成就，是因為你內心的信念被懷疑、擔心和害怕所壓制，你關閉了通往成功的大門。而一顆沒有信念的心靈，當然無法營造出富有活力的人生。當你心中總是充滿懷疑和擔心、憂慮時，當然精神的力量會萎靡不振，整個身心都淪陷到缺乏創造力的狀態中，這樣的精神狀態猶如一片沙漠，沒有一點綠色和希望。

所以，你不要再遠離機會和能量的源頭，這樣的源頭就存在於你內心之中。你想要的東西並不一定太多，而很可能太少，那是因為你的信念沒有被充分鼓舞，更沒有激起應有的鬥志。只有你勇敢站到世界面前，大聲說出：「我相信！」你才能打開那個「取之不盡、用之不竭」的寶藏，從中找到不斷前進的人生方向。

◇阻礙自我與潛能的價值觀是偽價值觀

在人才濟濟的微軟公司，有一句內部廣為流傳的名言：「好好地發揮潛能，推進自我成長，這和你的價值觀是分不開的。」現實中，不少人感到挫折和失敗，其實並不是他們的潛能不夠，也不是他們缺乏自我成長的動力，最關鍵的問題在於他們犧牲了自己的價值觀，強迫自己追求並不恰當的價值，做自己

並不願意做的事。這樣，他們就無法順利成長，也無法充分發揮潛能。

我們所處的現代社會，早已不是鬆散的群體，而是複雜的多元化體系，就像機器中的每一個零件，都有不可或缺的意義，這些零件之間，必須相互協調一致、彼此支持，才能達到最好的運作。如果方向相異，很快就會分崩離析。同樣，個體尋找並確立自己的價值觀，也應該如此，每個人都必須讓價值觀適合自己的能力。反之，也讓你已具備的能力可以更好地培養自己的價值觀。

這樣的情景或許很常見：那些本應該投身娛樂圈或企業界的人，卻做了行政、總務工作，在公文中消耗自己的熱情與創造力；那些本應該從事藝術創作的人，卻繼承家族企業，在爾虞我詐的商場上，變得愈來愈不快樂。這樣的人，由於一開始就沒有確立屬於自我潛能的價值觀，他們注定難以成功，而即使他們獲得金錢、地位這些被社會所賦予的價值，也難以在內心獲得真正的幸福與安寧。

你的價值觀如果不是真正發自內心，不是真正符合潛力的需求，那麼遵行這種價值觀的行為，就必然會和你內在的自我產生對立。那樣，幸福就會遙遙無期。想一想，如果你一方面要追求某件東西，而另一方面，這樣的追求與你內心所秉持的信念是衝突的，那麼你遲早會因為內心的混亂而失去心的方向。

一個人想要保有自我、發揮潛能，想要獲得積極的改變、成

長和強大，就必須清楚自我的追求，同時為自己找到真正適合的價值觀。否則，你最多也就只是個看似富裕但內心貧窮的乞丐。

我曾有位學員H，她的工作常讓不少人羨慕。她是一家網站的專欄編輯，專門報導一些娛樂八卦、內幕新聞，經常出入光鮮亮麗的娛樂場所，有著不菲的收入，同時還經常和高不可攀的明星們接觸。

H之所以選擇這個行業，就是被這些五光十射的因素所吸引。而直到現在，不少朋友都覺得H是幸運的，但是隨著多年的工作發展，H的想法卻產生變化。她畢業的大學科系是新聞類別，她相信新聞應該更加關注國計民生、更加具有現實意義，而現在她從事的領域，不僅無法幫助她確認這樣的自我，還讓她有一種「江郎才盡」的感覺。

H的問題就在於自己的價值觀和現有的狀態並不符合。而她應該清楚地意識到這一點，然後改變現有狀態，確立真正符合自己的價值觀，不要再追求眼前那些看似讓人羨慕的一切，而是去按照內心的自我，進行改變。為此，她應該換新工作，或寫些能實現自我，並激發潛力的專欄。

要知道，價值觀涉及的是你自己真正喜歡、珍視的東西。我們經常會自認為了解自我的價值觀，但事實上，大部分的人都沒有花時間去釐清、確認，H就是典型的例子。現實中，很多人在一開始進行選擇時，都自以為知道自己的價值觀是什麼，但事實卻與之相反。你很可能不清楚什麼價值觀才是自己

需要的，因而大受挫折。

　　你一定要學會為自己確定內心和外在的價值系統，這種價值系統就是你自己想要的一切目標。這些目標包括生活環境、工作與事業、物質和精神等。你應當給自己時間沉思，尤其是在你感覺痛苦時，必須多問問自己什麼才能讓自己感到幸福。當你靜下心思考這個問題時，你就可能意識到，並不是你一直追求那些外在物質，才會讓你幸福。相反，良好的生存環境、和睦的人際關係、能夠隨時隨地與人分享的氛圍，才最貼近你內心的價值觀。

　　當你接受了真正來自於你內心的價值觀後，接下來要做的，就是堅持。不要再追求那些不屬於你的東西，也不要否定那些應該屬於你的東西。你或許喜歡獨立自主，又或者喜歡為人付出，這些都很好，讓它們成為你理念的一部分，成為你形象的一部分。最重要的是面對自己，成為最誠摯的人。

　　最後，當你對自己的價值觀有透澈的了解，就應該根據價值觀來採取行動，並樹立目標，決定適合從事的方向，應該如何發揮潛力……

　　要選擇那些能夠滿足內心的事情，這樣你才能得到真正的成功，並發掘出真正的自我潛力。如果你不願意考量這些，也就無法讓別人真誠的對待你。所以，請一定要在行動之前，認真看待自我和潛力，這些都將成為你價值觀的優勢基礎。去擁抱自我和潛力，總有一天，它們會幫助你實現夢想。

◇我是一切的根源，我的人生我做主

　　有一則富含寓意的故事是這樣的。

　　一對兄弟，住在高樓大廈第八十樓。一天他們從外地旅行回來，背著大包小包的行李，卻發現電梯停電了。於是，他們被迫只能選擇爬樓梯回家。

　　爬到第二十樓時，他們疲憊不堪。哥哥建議把行李放在這裡，等電來了，再搭電梯下來拿。於是，他們卸下一些行李。爬到第四十樓，情緒變得焦躁起來，兄弟倆開始相互指責，說對方不留意停電通知，又說對方買的東西太多……這樣一路吵吵鬧鬧，爬到第六十樓。到了那裡，他們連吵架的力氣也沒有了，氣喘吁吁地走到第八十樓。在看到家門的那一刻，哥哥感到非常高興，對弟弟說：「終於到了，你來開門！」弟弟說：「別鬧了，鑰匙不是在你那裡嗎？」半晌，弟弟哭喪著臉說：「我把鑰匙留在第二十樓的行李中了！」

　　有人說，這個故事展現了我們的人生。在二十歲之前，我們滿懷夢想，在家人期盼下，努力學習；二十歲之後，我們離開家人，開始追逐夢想，就這樣到了四十歲；到了四十歲後，發現青春不再，有了遺憾、懊悔和惋惜，開始抱怨社會與世界，就這麼一路埋怨到了六十歲；到了六十歲後，赫然發現人生苦短，終於懶得再抱怨，走完了自己的人生。而到了生命

的盡頭，我們才會想起來，自己似乎有什麼事情丟失在二十歲……

正如故事中的寓意那樣，整個人生的根源，都在於每個人自己。人生沒有「如果」，只有最終呈現出來的「結果」。人生每個階段都是一場「直播」，沒有所謂的「彩排」，如何走完自己的人生，是由每個人自己做主的。

以人的一生有八十年來計算，在睡眠和休息中，消耗掉了三分之一的時光，實際上能用來自主支配的時間，也只有46萬小時而已。如何運用這46萬小時，所需要的不是隨波逐流，而是看你自己的決定。你要相信，周圍的一切都是你自己的人生 —— 只能獲得一次的人生 —— 因此，每一分、每一秒都需要你慎重看待，為自己的人生做主。

人的一生必須要有夢，也要有為夢而堅持的信念和價值觀，以及在這些指導下的理想與目標。擁有了這些，你會自然而然地為了發揮自己的潛能而努力。這樣，你就會成為世界的根源，獲得散發最大光輝的榮耀時刻。從這個角度來看，每個人的人生都擁有自己的夢田，而夢田種植什麼，選擇權都在你自己。

那些選擇隨波逐流的人，他們不願意做世界的根源，而只是做世界的末端。對周圍的事情，乃至自己的工作和生活，一切都不願意掌控，讓它們恣意發展變化。看起來，他們似乎過得隨和自然，但其實他們正是最缺乏信念和價值觀的人，即使

在一些小事情上，他們會表現得相當精明，但是卻始終沒有看透人生應該如何掌握……這樣，他們對人生談何負責呢？

你應遠離這樣的人，並真正著手改變自己的生活、主宰自己的人生，利用你的信念和價值觀，發掘出自身更多的潛力，達成更多的目標，獲得自己規劃和設計的人生。

看看別人是怎麼主宰自己的命運吧！西班牙知名畫家畢卡索（Pablo Picasso）年輕時的畫作，曾被許多人否定，但他告訴所有人：「總有一天會有人欣賞我的畫」，而我代表我自己；義大利知名影星蘇菲亞·羅蘭（Sophia Lore）初進電影圈時，曾有攝影師抱怨她的容貌並不出眾，應該先去整容，但她卻堅持說：「自己雖然長得不漂亮，但卻很具特色……」

在人生的大舞臺上，每個人都應該是自己的主角。因此，我們不需要盲從別人的價值觀，而要相信自己，並主宰自己的一切。

相比之下，既然別人能成為自我的主宰，你為什麼不能？開始行動吧！去尋找你內心所相信的價值觀，成為自己命運的主宰者，你一定能夠改變自我的世界。

你不需要一味地追隨他人，而是要擁有屬於自己的獨立思考空間。無論是工作還是生活，有時固然應該聽取他人的建議和意見，然而你不能因別人的存在，就丟掉自身的主見。反之，應該將他人的意見和你自身所處的實際情況，充分分析、判斷並綜合之後，你才能找到適合自己的信念與價值觀。畢

竟，你人生的道路需要自己去實踐。

　　信念對每個人來說都很重要，要堅信自己選擇的道路，不要總是愁苦和憂慮，也不要對未來茫然、對過去憤怒，縝密的思考和勇敢的選擇之後，找到你改變世界和自我的方式，你就會感到輕鬆和快樂。

電子書購買

爽讀 APP

國家圖書館出版品預行編目資料

心智的力量，掌控生命之鑰：學會淡定、勇敢失去、放空雜念、善於歸零……只要發現自我，就能開啟無限可能！ / 鄧國弘，張美英 著 . -- 第一版 . -- 臺北市：崧燁文化事業有限公司 , 2024.01
面；　公分
POD 版
ISBN 978-626-357-921-7(平裝)
1.CST: 自我實現 2.CST: 成功法
177.2　　112022188

心智的力量，掌控生命之鑰：學會淡定、勇敢失去、放空雜念、善於歸零……只要發現自我，就能開啟無限可能！

臉書

作　　者：鄧國弘，張美英
發 行 人：黃振庭
出 版 者：崧燁文化事業有限公司
發 行 者：崧燁文化事業有限公司
E - m a i l：sonbookservice@gmail.com
粉 絲 頁：https://www.facebook.com/sonbookss/
網　　址：https://sonbook.net/
地　　址：台北市中正區重慶南路一段六十一號八樓 815 室
Rm. 815, 8F., No.61, Sec. 1, Chongqing S. Rd., Zhongzheng Dist., Taipei City 100, Taiwan
電　　話：(02) 2370-3310　　傳　　真：(02) 2388-1990
印　　刷：京峯數位服務有限公司
律師顧問：廣華律師事務所 張珮琦律師

定　　價：375 元
發行日期：2024 年 01 月第一版
◎本書以 POD 印製